Julius Häntzsche

Talysch

Julius Häntzsche

Talysch

ISBN/EAN: 9783744639309

Hergestellt in Europa, USA, Kanada, Australien, Japan

Cover: Foto ©ninafisch / pixelio.de

Weitere Bücher finden Sie auf **www.hansebooks.com**

²/₃ des vollen Ertrags dieser Schrift sind bestimmt zum Besten der Stiftung des Herrn Major R. von Meerheimb für die durch Kriegsnoth hilfsbedürftig gewordenen Soldaten- und Beamtenfamilien im Königreiche Sachsen, ¹/₃ desselben für die (Woldemar) Schultzstiftung (brasilische Specialbibliothek) im Verein für Erdkunde zu Dresden.

~·~·~·~·~·~

Die geehrten Leser werden ersucht, vor dem Lesen nachstehender Skizze folgende Berichtigungen darin vorzunehmen.

Seite 14 Zeile 23 von oben ⎫
  »   15 »   2 » unten ⎬ statt: Tulum, lies: Tulem.
  »   16 »   7 » oben ⎭
  »   16 » 13 » oben statt: tulumer, lies: tulemer.
  »   27 » 15 » unten statt: so § 11, lies: s. o. § 11.

———·❦·———

Talysch.

Eine geografische Skizze

von

Julius Cäsar Häntzsche,

Dr. med. et filos., Mitglied des Vereins für Erdkunde, der Gesellschaft für Natur- und Heilkunde, der naturforschenden Gesellschaft Isis und des Gewerbevereins in Dresden, sowie der deutschen morgenländischen Gesellschaft in Leipzig und Halle, Ritter des kaiserl. russischen St. Stanislavordens, Comthur des persischen Löwen- und Sonnenordens.

——————— ·

Dresden.
· G. Schönfeld's Buchhandlung (C. A. Werner).
1867.

perſiſchen Provinzialverwaltung in Reſcht, der Hauptſtadt von Gilan, direct untergeordnet worden ſind. Auch die Bewohner der ſüd-öſtlichen gilaner Gebirgslandſchaft Rahmetabad nennen ſich zuweilen Talyſchi und ſprechen auch eine der nördlichen talyſcher ähnliche Sprache. Indem wir hier die nördlichen Theile des aſerbaïdſchaner Talyſch von Aſtara außer Betracht laſſen, weil es ſich für uns zu-nächſt und hauptſächlich um die natürliche Zuſammengehörigkeit und Beſchaffenheit der jetzigen Talyſchlandſchaften handelt, beſchäftigen wir uns nur mit der Waldregion des perſiſchen Aſtaratalyſch und mit den ſüdlich darauf folgenden Chanaten Kerganrud, Aſalim, Talyſchdulab, Schandermin und Maſal, welches letztere mit dem ſüdlich daran ſtoßenden gilaner Gebirgsbezirke von Maſula nicht zu verwechſeln iſt, wie es auf Karten und in Büchern meiſtens geſchieht.

§ 2.
Lage.

Perſiſch Talyſch, mit Ausnahme der eben erwähnten nörb-lichen Theile von Aſtara, liegt zwiſchen 37° 20′ und 38° 25′ n. Br. und zwiſchen 66° 20′ (oder wenn man das Reſidenzdorf von p. Aſtara, Nemin, noch mit dazu rechnet, 66° 10′) und 66° 56′ ö. L. von Ferro. Im Norden grenzt es an ruſſiſch Talyſch, im Oſten an das kaſpiſche Meer, in Südoſt an Gilan und die weſtnördlichſte Ausbuchtung des großen Murdab (Haff) von Enſeli, im Süden an Gilan. Südweſtlich und weſtlich wird es durch die hohen, kahlen Mauern des nach Talyſch und Gilan zu mit dichtbelaubtem Urwalde beſetzten Elbursgebirges geſchloſſen. Jenſeits von Talyſch, auf der Weſtſeite deſſelben Gebirges, liegt nördlich die aſerbaïdſchaner Hochlandſchaft Arbebil mit ihrer gleich-namigen Hauptſtadt und ſüdlich die aſerbaïdſchaner Gebirgslandſchaft Chalchal mit ihrer Hauptſtadt Herro.

Ruſſiſch Talyſch, mit bloſer Berückſichtigung der natürlichen Grenzen, liegt zwiſchen 38° 25′ und 39° 20′ n. Br. und zwiſchen 66° 45′ und 60° 30′ ö. L. von Ferro. Die Grenzen dieſes ruſſiſchen Talyſch, deſſen Breite zwiſchen Elbursgebirge und kaſpiſchem Meere ſehr ſchwankend iſt, bilden im Oſten das kaſpiſche Meer, im Süden (der Fluß von Aſtara) und im Weſten (das Elbursgebirge) Perſien, im Norden die Moganſteppe, in welche nordweſtlich von Giöttepe die letzten, nur noch wenig beholzten, niedrigen Anhöhen des mächtigen Elbursgebirges verſinken. Adminiſtrativ betrachtet liegt die letztere freilich noch darin, denn die Grenzen des Verwaltungskreiſes von Lenkoran gehen nördlich bis zum Aras und zur Kura. Beim letzten Friedensſchluſſe erhielt Rußland von Perſien drei zu Talyſch gehörige Bezirke zum großen Theile, nämlich Aſtara, Uſchgarud und Ubſf, vollständig die vier Bezirke Lenkeran, Mogan, Seant und Wiltloбfch. Die Kreisverwaltung derselben befindet sich in Lenkeran, Stadt und russische Festung am kaspischen Meere und am linken Ufer des Waserud, welcher sich daselbst in das kaspische Meer ergießt. Die Russen schreiben jetzt Lenkoran statt des richtigeren persischen Lenkeran. Die Mehrzahl der Bewohner desselben ist tatarischer Abkunft und bekennt sich zum Islam und zwar dürfte die Hälfte etwa zur Secte der Sunni, der Rest zu den Schïe gehören. Die wilden Ilat (Nomaden) Schahsewen ziehen großentheils im Winter mit ihren Heerden in die wärmere Mogansteppe hinab und machen sie häufig unsicher, während sie im Sommer die Hochweiden des Elbursgebirges in den nördlichen Theilen von persisch Talysch benutzen.

Wenn ich, von meinem ursprünglichen Plane abweichend, in dem so eben Gesagten einerseits russisch Talysch in meine Skizze mit hineingezogen habe, was auch später noch kurz geschehen wird, andererseits aber die unter aserbaïdschaner Verwaltung stehenden nördlicheren persischen Talyschbezirke, bis auf den waldigen Theil von persisch Astara, gänzlich außer Betracht lasse, so bedarf es wohl kaum noch des Hinweises, daß es mir hier namentlich um Erörterung der natürlich zusammengehörigen, fast ausschließlich waldigen Landschaften zwischen dem kaspischen Meere und dem Elbursgebirge zu thun ist. In den drei südlichen persischen Talyschchanaten erscheint die natürliche Grenze zwar etwas gezwungen, da nur ein kleiner Theil des ersteren derselben von dem großen Murdab von Ensell bespült wird, während die beiden letzten ein paar Flüsse zu ihren Grenzen besitzen. Wo aber hätte ich dann aufhören sollen, wenn ich hier nicht wenigstens die jetzigen von der persischen Regierung gesteckten Grenzen von Talysch und Gilan hätte respectiren wollen? In dem zunächst Folgenden werde ich zwar vor der Hand nur bei persisch Talysch in der oben angegebenen Ausdehnung stehen bleiben, später jedoch bei weiterer Erörterung der fysikalischen Geografie und der Topografie russisch Talysch namentlich wieder mit berühren müssen.

§ 3.
Größe.

Die Entfernung von Enseli am kaspischen Meere längs der kaspischen Küste bis zu der russischen Grenze bei Astara beträgt 21 kleine persische Farsak (das hier übliche Farsak zu 5065 franz. Meter durchschnittlich gerechnet), wovon an vier Farsak auf das gilaner Stück von Enseli bis hinter das gilaner Dorf Kupurotschal (zwischen der kaspischen Küste und dem großen Murdab von Enseli am Westende der Landzunge von Enseli) abgehen, so daß die talyscher Küstenlänge in Persien reichlich 17 Farsak beträgt. Die mittlere Entfernung vom kaspischen Meeresufer, im Süden bez. vom großen Murbab und von den Gilangrenzen, bis hinauf zu den Gebirgsgrenzen ist etwa 7 Farsak. Die Gilangrenze (hinter Kupurtschal und am großen Murbab) von Talyschbulak ist etwa 1½ Farsak, die Gilangrenze von Schandermin kaum zwei Farsak und die Breite von Masal etwa eben so viel, während die Entfernung beider von ihren Basen bis hinauf zu ihren Jailak (Sommerlagern) im Elbursgebirge 6 bis 7 Farsak beträgt, die gleiche Entfernung in Talyschbulak aber noch mehr. Die Größe von ganz persisch Talysch, hinter welcher die des breiten russischen Talysch nicht viel zurückstehen dürfte, könnte man also wohl zu etwa 150 geogr. Quadratmeilen annehmen.

§ 4.
Gestaltung des Landes.

Von Enseli am kaspischen Meere liegt das gilaner Dorf Kupurtschal an der Wurzel der Landzunge 3½ Farsak etwa westlich entfernt. Hinter dem Dorfe, wo man die Grenze von Gilan und Talyschbulak überschreitet, zieht sich der Weg immer noch weit links von den bewachsenen Sanddünen der kaspischen Meeresküste etwa ½ Farsak WNW. hinauf und die letztere folgt von Enseli aus denselben Richtungen, wie dieser Weg, oder eigentlich umgekehrt. Vom Flusse Mahmed Dukkan aber, von wo der Weg bis über Lenkeran hinaus fast immer dicht an der kaspischen Meeresküste hingeht, folgt dieselbe bis zu der Mündung des Schiwerud in Talyschbulak, welche 6 Farsak WNW.—NW. etwa von Enseli entfernt ist, der Richtung NW. Die Mündung des Nowarud in Asalim liegt von da ziemlich 4 Farsak NWN.—NW. entfernt und die des Kerganrud in Kerganrud Talysch von der vorigen 1½ Farsak NWN., die des Lisar aber von der letzteren 2½ Farsak etwa N., welche letztere Richtung dann bis zu der nördlichen Küstengrenze von Kerganrud Talysch vorherrscht, mit geringen Abweichungen, besonders zwischen Lisar und Schilawer, wo sie zwischen N. und NWN. geht. Die Richtung der Küste des persischen Astaratalysch dagegen bis zu dem linken Ufer der Mündung des Grenzflusses Astara unterhalb der gleichnamigen russischen Grenzstelle geht nach N.—b.—NON. Die Küstenrichtung zwischen russisch Astara und Lenkeran dürfte kaum von der nördlichen (ein wenig nach NWN. zu) abweichen. Dabei darf man freilich nicht außer Acht lassen, daß diese Richtungen der kaspischen Meeresküste mit dem Compaß mehr nach den sogenannten Flußnasen genommen sind, d. h. nach den vorstehenden Seemündungen der größeren Flüsse, während die dazwischen laufenden tieferen oder flacheren, meist jedoch sehr sanften

Einbuchtungen von verschiedener Länge, in ihren innersten Stellen von den nördlich von ihnen befindlichen Flußnasen aus zuweilen bis in SW. liegend gesehen werden, wie z. B. die kurze Bucht vom Schilawer zu dem südlicheren Chatbeseraï. Abgerechnet einige kleinere solcher Einbuchtungen giebt es zwischen Limir und Schiwerud allein neun größere. Die Haupteinbuchtung der großen Bai zwischen Astara und Enseli findet in der Nähe des Kerganrud statt, wo auch die Temperaturdifferenz dem Reisenden fühlbar wird. Ueberhaupt entsprechen die Einbuchtungen der p. kaspischen Meeresküste im Allgemeinen dem Laufe des hinter ihr hinziehenden Elbursgebirges und speciell den von demselben herkommenden Flüssen. Die größte Ausbreitung des sonst ziemlich schmalen, meist sanft gewellten Tieflandes zwischen Meer und Gebirge findet hier da statt, wo das letztere sinkt, also in russisch Talysch (etwa bis 3 Farsak). Darauf folgt der südliche Theil von persisch Talysch (mit Hinzurechnung des politisch davon geschiedenen gilaner Fußes am großen Murdab von Enseli bezüglich der drei südlichsten Chanate) bis in die Gegend von Lisar (1—2 Farsak Breite), von wo die Berge zugleich mit der nördlicheren Richtung der Küste bis Astara näher ($^1/_2$—$^1/_4$ Farsak) an das Meer herantreten. Die Gestalt des Landes gleicht beinahe einem Beine, dessen Fuß, die drei südlichen Chanate, nach Gilan zu liegt, dessen Unterschenkel dem übrigen persischen Talysch und dessen kurzer Oberschenkel dem russischen Talysch zukommen würde.

§ 5.
Bodenbeschaffenheit.

Längs der kaspischen Seeküste zieht sich nach N. zu ein über das Niveau von Enseli nur wenig erhöhter, von sehr vielen Flußmündungen durchfurchter und gegen die Mitte der großen Talyschbai hin oft von entwurzelten und angeschwemmten Bäumen übersäeter schmaler Sandstreifen, welchen ein auf den zahlreichen Dünen der linken Seite beginnender, mehr oder minder breiter Saum von hohem Laubholzurwald mit dichtem Unterholze einfaßt. Fast ebenso ist die Beschaffenheit der noch zu Gilan gehörigen, durch Sandbünen gebildeten Landzunge zwischen Enseli am kaspischen Meere und Kupurtschal am großen Murdab, auf der sich das minder hohe und minder dichte Gebüsch bis kurz vor dem offenen Enseli meist bis zu den Schilfwaldungen des Murdab herabzieht. Nur durchschneiden Flüsse diese mit mehreren Dörfern in der Nähe des Murdab besetzte liebliche Gegend nicht, in der man sich mit gegrabenen Brunnen behilft, und das angeschwemmte Holz fehlt hier an der Meeresküste fast gänzlich. In Talysch aber durchziehen den waldigen Ufersaum

größtentheils mit der Küste parallel laufende, hier und da in das Meer
einmündende Sümpfe. Hinter diesem mitunter bis ein Farsak
breiten Waldstreifen erstreckt sich ¼—1 Farsak aufwärts wenig
erhöhtes, etwas offeneres und größtentheils mit Reis bebautes Land
mit den unvermeidlichen Reismorästen und den Winterdörfern (Kyschlak)
oder Dorfgemeinden (Mahalle), welche häufig jedoch schon im Küstenwalde beginnen, nie aber hier vor demselben, bis auf ein zu Schiwerud gehöriges einzelnes Haus auf der Waldbühne des rechten Ufers
der Seemündung des gleichnamigen Gebirgsflusses. Dieses sanft
ansteigende, wenig gewellte Tiefland zieht sich bis zu den ersten
Waldhügeln des Elburs, deren verschiedene Entfernungen von der
talpischen Meeresküste schon oben mit berührt worden sind. Das
hohe, steile Elbursgebirge ist bis zu den ebenfalls meist bebauten
und von den Jaïlak (Sommerdörfer, auch nur Sommerzelte oder
Hüttenlager) besetzten, gewöhnlich kesselförmigen, oberen Thal-
erweiterungen und häufig auch noch über diese hinaus mit Laubholzurwald dicht bedeckt und von zahlreichen Quellen und Flüssen getränkt.
Sein Kamm aber wird nach und nach kahl, zeigt großartige, wild
romantische Felsbildungen und vorher gewöhnlich grüne Matten, die
als Weideplätze dienen, mit häufigen, klaren Quellen. Auch an
dem trockenen Westabhange finden sich auf bewässerten Berglehnen
im Frühjahre und im zeitigen Sommer grüne Weideplätze und Jaïlak
der Ilat (Nomaden). Die an Gilan grenzenden südlichen Chanate
zeigen an ihrem östlichen Fuße die Beschaffenheit des benachbarten
sumpfigen Waldlandes von Gilan, erheben sich aber sehr bald aus
dem Tieflande zu der talpscher Bergnatur, erst wellenförmig mit
Reis- und Seidecultur, dann bald steil. Nur das Hochthal von
Schandermin, in welchem das Hauptdorf Bilam liegt, ist ein zwar
weniger waldiget, aber morastiger, sehr ungesunder Kessel. Hinzu-
zufügen darf ich nicht unterlassen, daß angeblich vom Chalekaï her
bisweilen Steinkohlen zu Schiffe über das große Murdab nach Enseli
gebracht werden sollen; doch sah ich dieselben nie, dagegen viel Kalk
von dort. Weißes und röthliches Steinsalz findet sich angeblich in
persisch Astara Talhsch.

In russisch Talhsch wird die wenig erhöhte Fläche zwischen
Meer und Gebirge nach und nach immer breiter und baumloser
und nachdem der Uferwald vor Lenkeran schon (vielleicht auch mit
durch Cultur?) verschwunden ist, verliert sich die sumpfige Natur
dieses Unterlandes zwischen der ersten (Kumbaschi = Sandesanfang,
20 Werst von Lenkeran) und der zweiten (Kysylagadsch = Roth-
baum, 16 W. von L.) russischen Poststation hinter Lenkeran, um
durch trockenes Gehölz meist von Eichen vor der dritten russischen
Poststation Göltepe (= Blauhügel, 20 Werst von Kysylagadsch,
66 W. von Lenkeran) nach und nach hinter derselben in die breite,

gras- und sandreiche, völlige Steppe überzugehen. Fast treten hier, wiewohl in größerem Maßstabe und mehr von N. nach S. zu, dieselben Verhältnisse des Bodens auf, wie wir sie von O. nach W. an der persischen Talyschküste zwischen dem kaspischen Meere und dem Fuße des Elbursgebirges wahrnehmen, gleich als ob hier einst das Meer von N. und NO. her gewirkt hätte, was bei dem größeren Zurückweichen des hier niedriger werdenden Elbursgebirges nach W. und NW. und einzelner Einbiegungen desselben nach SW. zu vielleicht nicht unmöglich war, ja vielleicht jetzt theilweise noch mit stattfindet.

§ 6.
Erdbeben.

Erderschütterungen kommen in dem nördlichen Theile von Talysch weit häufiger vor, als in den südlicheren Theilen und in Gilan. Während meines dortigen Aufenthaltes sind mir von russisch Talysch vier dergleichen bekannt geworden und zwar in der russischen Festung Lenkeran am kaspischen Meere. Die eine, von mir selbst nicht beobachtet, hat im Herbste (November?) 1859 stattgefunden. Die andere, von mir selbst mit beobachtet, am 13. Mai 1860 Abends 9 Uhr 20 Min., war sehr stark und ging von WSW.—SW. nach NO.; ihr zweiter Stoß war bedeutend länger als der erste, jedoch eben so heftig. Die dritte, nicht von mir beobachtet, hat daselbst am 28. Februar 1861 vor Abend stattgefunden. Die vierte und zu meiner Zeit letzte, jedoch nur schwache Erderschütterung in Lenkeran wurde wieder von mir mit beobachtet und zwar am 24. Mai 1861 Nachmittags 5¹/₂ Uhr.

§ 7.
Mineralquellen.

In persisch Talysch ist mir nicht viel von Mineralquellen bekannt geworden. Eine kleine, kalte, schwache Eisenquelle im Waldsaume, nicht weit von dem persischen Basar von Astara, untersuchte ich. Sie wird nach dem nahen großen Sumpfflusse „Wasser von Muladitschaï" genannt und mit heißen Steinen erwärmt von den Eingeborenen zum Baden gegen „Bad" (Geschwulst) benutzt. Bei Alewler sollen sich vier Mineralquellen befinden, welche Sure, Salebi und Malosne heißen und von denen die eine bei dem Dorfe Malosne warm, die andere daneben kalt, die beiden ersten ebenfalls kalt sein sollen. Auch erzählt man viel vom Karagöl, einer dort in der Nähe befindlichen intermittirenden kalten Quelle mit sehr starkem Strahle, welcher hineingeworfene schwere Steine emporschleudern soll. Ob dieselbe jedoch nur aus reinem Wasser bestehe, ober nicht, habe ich nicht gewiß erfahren können. Sie soll 1 Farfal aufwärts von Alewler seitwärts von dem Wege nach der kahlen und trockenen aferbaldschaner Gebirgslandschaft Chalchal liegen, in welcher letzteren noch vor der Stadt Herro eine starke, heiße Quelle, welche angeblich Schwefel enthalten soll, auch von den Talyschi häufig zum Baden und zu unsinnigen Parforcecuren gegen allerhand Uebel gebraucht wird, unter denen das persische „Bad" oder tatarische „Jel" wiederum eine Hauptrolle spielt.

Dagegen besitzt russisch Talysch zahlreiche Mineralthermen von kräftigen Wirkungen, sowohl hinter russisch Astara hart an der persischen Grenze, als auch weiter davon im Elbursgebirge hinauf, ferner unter und zwischen den ersten Waldhügeln hinter Lenkeran. Die Therme von Arkewan oberhalb Masali und über dem rechten Ufer des Welesch ebenfalls in den ersten Waldhügeln des Elbursgebirges gelegen ist die nördlichste der dort von mir untersuchten Quellen und zeigt + 40° R. Zwei Farfal weiter im Elbursgebirge hinauf soll ein anderes, blos warmes Wasser mit Neft- oder Erdölgeruch quellen.

§ 8.

Gewässer.

Sehr viele andere Quellen, sowie Bäche und Gebirgsflüsse bewässern das Hoch- und das Tiefland von Talysch, welches letztere hinwiederum in, seltener vor der Waldzone zahlreiche, der Küste meist parallel laufende Sümpfe und Moräste birgt, welche zu Zeiten von Ueberschwemmungen ebenfalls und dann meist direct in das kaspische Meer ablaufen, denn die in das große Murdab von Enseli mündenden Reiswassermoräste gehören mit sehr wenigen Ausnahmen schon nicht mehr zu Talysch, sondern zu Gilan. Die meisten Gebirgsflüsse und Bäche zeigen in trockener oder kalter Jahreszeit, wenigstens an der Küste, mehr Steine oder Sand, als Wasser, sind aber zur Regenzeit mitunter kaum zu passiren, und manche von ihnen werden besonders gefährlich durch Triebsand, der jedoch zeitweilig seine Stellen wechselt oder auf Zeit ganz verschwindet. Da fast alle reines, kühles Wasser führen und die Zahl der Wasserläufe eine sehr bedeutende ist, so finden sich nur wenige gegrabene Brunnen in persisch Talysch. Die größeren fließenden Wässer entspringen im Elbursgebirge. Die kleineren sind in den waldigen Vorbergen entspringende Bäche, oder schon mehr im Unterlande abgehende Arme der größeren, oder endlich nur Abflüsse von Sümpfen (Murdab), oder gar nur Ueberschwemmungswässer, sei es von Regen oder von künstlichen Reisfelderbewässerungen, welche in trockener oder kalter Jahreszeit nur in kleinen Rinnsalen in das kaspische Meer ausfließen, oder auch gänzlich versiegen. Dagegen beleben sie sich zur Regenzeit oder unmittelbar nach der Schneeschmelze im Gebirge ganz außerordentlich und die Sümpfe namentlich verzehnfachen oft ihre natürlichen Schleußen und überschwemmen den Küstenweg mit Unmassen von Wasser. Tritt dazu die Brandung des aufgeregten Meeres, so ist man manchmal stundenlang genöthigt, im Wasser, beziehendlich im Meere zu reiten, und ich habe auf der Strecke zwischen Kupurtschai und Lenkeran dann schon 110—120 kleine und größere, tiefere und seichtere Wässer passirt. Manche von ihnen, namentlich von den kleineren mit schwachem Gefälle, aber auch einige größere Küstenflüsse sind wenigstens einen Theil des Jahres an ihrer Mündung durch Bänke von grobem, lockeren, tiefen Sande (oben ausgetrocknetem Triebsande) geschlossen. Fast alle bilden mehr oder minder veränderliche, meist flache Sandbänke an ihren Seemündungen und manche von den größeren sind daselbst durch sie in mehrere Arme getheilt. Viele biegen sich beim Heraustreten aus den Küstendünen in Winkeln um und laufen dann gewöhnlich nach SO. zu eine Strecke vor der Mündung dem Küstenrande fast parallel. Doch tritt hier bei manchen, je nach der Jahreszeit eine Abänderung des Laufes vor der Mündung sowohl, als auch der Richtung der letzteren selbst ein. Oft ändert auch die Mündung ihre Dimensionen, dehnt sich außerordentlich aus oder verengt sich ganz unverhältnismäßig anscheinend zu der Größe und Breite des Flusses und führt dann mitunter zu dem schon oben angedeuteten zeitweiligen gänzlichen Verschlusse des Wasserlaufes durch einen sandigen, schmalen oder breiten Querdamm. Manche zeigen Sandwälle, welche bis zu fünf Meter Höhe ansteigen, auf dem linken Ufer ihrer Mündung, wenige auf dem rechten. Diese Wälle scheinen mir jedoch weniger direct von der Fluß- als von der Landbildung überhaupt abzuhangen, denn die meisten Wasserläufe, und namentlich die größeren Flüsse im N., entbehren derselben vor ihren Mündungen. Sie erscheinen mir nur als ein Theil der fast an der ganzen persischen Küste des kaspischen Meeres, auch in Gegenden, wo wie auf der Landzunge von Enseli, keine Flüsse münden, verbreiteten Sanddünen. Da, wo diese Gebilde der Wellen und des Windes noch neu und locker sind oder wo sie durch der letzteren Wirkung zu einer bedeutenderen Höhe anschwellen, da wird das Niveau des durchschneidenden Flusses einen grelleren Contrast mit ihrer Höhe bilden, während da, wo Meer und Wind weniger wirken oder wo die Dünen älterer Bildung sich durch ihre eigene Schwere mehr gesetzt haben oder im Laufe der Zeit mit Gras und Wald fester bewachsen sind, diese sogenannten einseitigen Wälle nicht in die Augen fallen, wie z. B. beim Kergaurub, beim Schilawer u. s. w. Dagegen findet man im nördlicheren Theile hin und wieder in die allerdings flacheren Sandbünen völlig eingeschnittene Wasserläufe, was deren weniger stürmische Bildung, als sie im Süden statt-findet, darthun würde. Uebrigens sieht man auch auf den rechten Ufern der betreffenden südlicheren Flüsse Reste von solchen Sand-wällen, die näher an der Mündung unter Beihilfe von Ueber-schwemmungen zum Theil weggewaschen worden sein können, so daß man von Seiten dieser Flüsse eher eine destructive, als eine con-structive Mithilfe bei der Dünenbildung überhaupt vermuthen könnte. Ein sehr kleiner Theil der Wässer von Talysch ergießt sich in das große Murdab von Enseli, nämlich die der südlichen Chanate von Masal, Schandermin und des kleineren Theiles von Talyschbulab. Sie nehmen in dem sumpfigen Tieflande von Gilan nach und nach die Natur der Wässer dieses Landstriches an und scheinen selbst von den frommen gilaner Schïe daselbst anders getauft zu werden. Der größere Theil der Wässer von Talyschbulab, sowie die Wässer von Asakim, Kerganrud, Astara und die von russisch Talysch mün-den in das kaspische Meer. Die Namen der größeren Flüsse, in deren Nähe sich auch zum Theil die verschiedenen Gebietsgrenzen hinziehen, sollen in der folgenden Darstellung, welche das erste Mal so vollständig und richtig gegeben werden soll, als es wiederholte Ausflüge in jene Gegenden und vergleichende genaue Erkundigungen an Ort und Stelle ermöglichten, mit gesperrter Schrift abgedruckt werden.

§ 9.

I. Wässer in Talysch, welche in das große Murdab von Enseli einmünden.

1) Chalekaï, auch Masal genannt, ein reißender, ziemlich tief eingeschnittener, steiniger Gebirgsstrom, welcher oben im Elburz-gebirge entspringt und nahe seinem unteren Laufe die Grenze zwi-schen dem Tieflande (Gil) Gesger und dem Hochlande Masal, also zwischen Gilan und Talysch bildet. Das Hauptwinterdorf (Kyschlak) von Masal, Lohesar, liegt in kürzester Linie angeblich zwei Farsal WNW. oberhalb vom großen Murdab von Enseli, nicht weit ober-halb der Gilangrenze, über dem etwas erhöhten rechten Ufer des Flusses, welcher zwei (wohl brei?) Farsak SOS. abwärts von hier in das große Murdab von Enseli fließen soll und ein Farsal ober-halb seiner Mündung auf dem rechten Ufer das in dem gilaner Bezirk Gesger gleich anderen talyscher Enclaven eingeschlossene Dorf Umendan trägt, welches ebenfalls dem Mahmed Kasim Chan, dem jetzigen Herrn von Masal Talysch, gehört. Auf dem waldigen Wege von Lohesar in Masal nach Bitam in Schandermin passirt man ein Farsal etwa NWN. von ersterem Orte längs den Wald-hügeln wenig ansteigend, den Bach

2) **Liſtheghale** (Buxbaumgebirgsrücken oder „Buxbaumhalde" überſetzen es mir die Talyſchi mit Hilfe des Tatariſchen) mit einem gleichnamigen Dörfchen, welches wenig unterhalb dieſer Uebergangs-ſtelle liegen ſoll, von ihr aus aber nicht erblickt werden konnte.

Etwa in derſelben Richtung auf ſehr ſumpfigen Waldpfaden fortreitend, überſchreitet man nahe der Grenze von Maſal und Schandermin und zwar im Gebiete des letzteren bald den ziemlich breiten, ſteinigen, nach Regenanſchwellungen oft nicht zu paſſirenden Gebirgsfluß

3) **Tſchaleſeraï,** der etwa 1½ Farſak tiefer von dieſer Uebergangsſtelle in das große Murdab von Enſeli einmünden ſoll. Das Hauptwinterdorf in Schandermin, Bilam, liegt ein Farſak etwa NW. von dieſer Uebergangsſtelle und zwar etwas tiefer, als ſie, und ſoll zwei Farſak WNW. vom großen Murdab von Enſeli, 2½ Farſak W. vom kaſpiſchen Meere liegen und zwar viel höher, als dieſe beiden. ¾ Farſak etwa N. davon kommt man an einige Nomaden gehörige Holzhütten, welche gleich dem tief unten daran hinfließenden Bache

4) **Kangulmeſarbſchi,** eine Talyſchbezeichnung, welche „Ort der Vereinigung bei den Eichen" bedeuten ſoll, genannt wurden. Etwas links aufwärts davon und etwa ¼ Farſak weiter auf den Wald-pfaden überſchreitet man mit dem kleinen Bache

5) **Tellik** die Grenze zwiſchen Schandermin und Talyſchbulab. Bald darauf reitet man durch das zu Talyſchbulab ſchon gehörige Dörfchen Thaſchebeg und einen Abhang hinab durch den ziemlich ſteinigen und breiten, aber nicht tiefen und wenig reißenden Gebirgsfluß

6) **Tſchaptu(b),** der auf beiden Uſern das Dorf Kudchane-ſeraï trägt. Von hier ſteigt man NO., ſelten ONO., aufwärts und indem man

7) bis mit 10) vier kleine Bäche paſſirt, überſchreitet man die Waſſerſcheide zwiſchen dem großen Murdab (Haff) von Enſeli und dem kaſpiſchen Meere. Fortwährend in dem hohen Walde, von nun an aber ziemlich ſteil abwärts reitend, erreicht man nach längerer Zeit endlich das zwei reichliche Farſak NO. von Bilam und bedeutend tiefer, als dieſes, aber nach Buhſe immer noch 141 pariſer Fuß über dem Meere gelegene Winterhauptdorf von Talyſchbulab, Punal, welches ſich dicht an das rechte Uſer des 1 Farſak etwa NO. von hier und tiefer in das kaſpiſche Meer ausfließenden großen Gebirgs-fluſſes Schiwerud anlehnt. Derſelbe entſpringt oben im Elburs-gebirge, iſt bei Punal etwas ſteinig und ſehr reißend mit klarem, kühlen Waſſer, welches nächſt dem des großen Schilawer im nörd-lichen Kerganrud Talyſch für das beſte in ganz perſiſch Talyſch ge-halten wird; unten vor der Mündung aber iſt er ſandig und

moorig. Nach einem etwas gewundenen Laufe an den waldigen
Vorbergen hin fließt er von Punal aus nach OSO. zu, an seiner
Seemündung aber, auf die wir gleich kommen werden, wieder in
anderer Richtung. Dieser von den verschiedenen Reisenden Schief-
rub, Schuffrub, Schiforub ꝛc. fälschlich geschriebene, nach den
sorgsamsten Erkundigungen an Ort und Stelle aber Schiwerub
genannte Gebirgsfluß ist — nebenbei erwähnt — nicht zu verwechseln mit dem anderwärts wenig gekannten gilaner Sumpfflusse
Hasanrub, welcher auf dem östlichen Ufer des großen Murdab von
Enseli in dieses bei dem gilaner Dorfe Dschiferub auf seinem rechten
Ufer einmündet und nach diesem mitunter auch Dschiferub genannt
wird, wie man ja in Persien häufig Wässer nach Ortschaften und
umgekehrt benennt, wodurch sich manche widersprechende Angaben verschiedener, auch sonst gewissenhafter Reisenden erklären.

§ 10.
Excursion im Tieflande von Westgilan.

Zur Vergleichung mit den eben angegebenen oberen Wasser-
läufen des großen Murdab von Enseli will ich im Folgenden an-
hangsweise den betreffenden Theil der Marschroute hersetzen, welcher
ich, von Lenkeran nach Rescht ganz zu Lande zurückkehrend, von
Kupurtschal am großen Murdab aus durch den kleinen untern
Murdabtheil von Talyschbulab und durch die gilauer waldigen und
sehr sumpfigen Tieflandschaften von Gesger, Fomen und Tulem am
29., 30. und 31. Januar 1860 gefolgt bin. Von Kupurtschal
aus passirt man vier zu Talyschbulab gehörige Dörfer im Tieflande,
nämlich Tschaïbitschar, Rubur, Dscheïran und Daresera. Hinter
dem noch zum unteren Murdabtheile von Talyschbulab gehörigen
vierten Dorfe Daresera, welches auf dem sumpfigen und waldigen
Landwege 1½ Farsat etwa SW. von Kupurtschal liegt, überschreitet
man vom linken Ufer zum rechten den daselbst W. etwa nach OSO.
fließenden, ziemlich breiten, aber nicht tiefen Fluß, welchen die Gileki
nach dem hier auf seinem rechten Ufer liegenden Imamsade (Grab-
mal von Nachkommen des Profeten und Wallfahrtsort) in ihrer
Sprache Seïd Scherwascha (persisch: Seïd Scheriffschah) benennen
und der von Schandermin herabkommen, weiter unterhalb dieser
Uebergangsstelle aber in das große Murdab von Enseli einmünden
soll, und damit die Grenze von Talyschbulab und Gilgesger. Von
dort gelangt man auf sehr sumpfigen Wegen im Laubholzurwalde durch
einige Wässer und über Bäche und Gräben nach einiger Zeit auf
das linke Ufer des großen und ziemlich tiefen Behember, der etwa
von WNW. nach OSO. daselbst fließend ebenfalls von Schandermin herabkommen und ein halbes Farsat weiter unten in dem gilauer

Bezirke von Ablenar (Wasserrand) bei Chomeïran in dasselbe große Murdab einmünden soll. Gleich hinter dem rechten Ufer des Behember liegt unser Nachtquartier, das gleichnamige Hauptdorf des Bezirkes Gesger, welches auf dem sumpfigen waldigen Landwege als zwei Farsak SOS. von Daresera entfernt angegeben wurde. Von der ½ Farsak vom Dorfe Behember entfernten Mündung des Flusses Behember in das große Murdab rechnet man zu Schiffe etwa ein Farsak bis Kupurtschal, welches vom Dorfe Behember in NW. wenig bei NWN. liegen soll, während die Richtung und die ganze Entfernung des von der Behembermündung aus ebenfalls zu Schiffe erreichbaren Enseli vom Dorfe Behember aus NO. 4 Farsak sein soll. Auf den fürchterlichsten waldigen Sumpfpfaden in Gesger nach SO. fortreitend erreicht man nach ziemlich einem Farsak das große Dorf Siahwer zu beiden Ufern des gleichnamigen Flusses, der daselbst etwa von SW. nach ONO. zu fließt, und bald darauf den Fluß Chalelaï, der daselbst in Bogen fließend von SWS. nach NO. zu geht. Das große Dorf Ilmendan, welches man auf seinem rechten Ufer passirt, soll nicht weit (1 Farsak) von dem hier vor hohem Walde noch nicht sichtbaren großen Murdab liegen. Ein kleines Farsak SO. von Siahwer reitet man durch das Dörfchen Schekerbag (Zuckergarten), dicht bei welchem die Dörfchen Esbend und Gilkenar (Sumpfrand) liegen. Gleich hinter Schekerbag durchreitet man auch den hier von SW. nach NO. zu fließenden, nicht großen Esbend, an welchem das eben erwähnte gleichnamige Dörfchen liegt. Immer in derselben Wegrichtung durch Reismoräste und durch den daselbst etwa von SWS. nach NO. zu fließenden breiteren Miandeh reitend, verläßt man mit diesem Flusse die gilaner Tieflandschaft (Gil) Gesger und gelangt in das auf dem rechten Ufer liegende, schon zu der gilaner Landschaft Fomen gehörige Dörfchen Miandeh, hinter welchem das ausgebreitete Buxbaumgestrüpp an Menge und Größe zunehmend endlich zu theilweise hohen Buxbäumen anwächst, welche den ohnehin entsetzlichen Sumpfweg noch mehr einengen helfen. Noch immer nach SO. zu reitend läßt man später das Dorf Duchwendan links liegen und setzt dann bald in etwas offener Gegend über den großen Fluß Kesme oder Lulemantschaï, den Hauptfluß von Fomen, welcher auf steinigem Bette hier von S. etwa nach NON.—N. fließt, nach dem gleichnamigen Basar und Dorfe auf seinem rechten Ufer über, welches 3. gute Farsak SO. von Behember liegt und von welchem aus die Stadt Fomen (4 starke Farsak WSW. von Rescht), welche ich drei Jahre zuvor von Rescht aus mit besucht gehabt hatte, in der Richtung SWS. kaum 1 Farsek entfernt liegen soll. Von Kesme ist unser nächstes und letztes Nachtquartier Dschumabasar (zu deutsch: Freitagsmarkt) im gilaner Bezirke Zuleher am Flusse Pischerwdar gelegen; ein reichliches Farsak SO.—OSO.

entfernt; die Wege dazwischen waren aber, wenigstens bei jetziger Jahreszeit, von so gräßlicher Beschaffenheit, daß wir in der Abendzeit zwei volle Stunden dazu bedurften. Anfangs führte der Weg im Gebiete von Fomen tief zwischen dichtem Gebüsch hin durch Ueberschwemmungswässer, welche mit neuerdings etwas ausgebesserten Wegstellen und Schlamm abwechselten, dann über schwere Reissümpfe hinweg, im Gebiete von Tulum aber durch zwei große Urwaldsümpfe, zwischen denen wir über eine leidlich erhaltene hohe spitzige Steinbrücke einen tiefen Graben passirten, dessen Wasser von S. nach N. abfloß. In schneidendem Gegensatze zu unserem guten Nachtquartiere in Behember verbrachten wir diese letzte Nacht trotz Zureden, Geld, Firman und endlich Drohungen außerordentlich schlecht in dem tulumer Dorfe Dschumabasar, welches auf dem linken Ufer des hier in einem sehr großen, breiten, links sandigen, rechts mehr steinigen und tieferen Bette ganz klar nach dem von hier noch ziemlich entfernten großen Murdab gleichfalls abfließenden Pischerubbar (Vorderfluß) liegt. Er fließt hier in einigen Windungen von S. etwa nach NO. — NON. und trägt auf seinem rechten Ufer den mit dem gegenüberliegenden Dorfe gleichnamigen Markt Dschumabasar (= Freitagsmarkt), an welchem wir nach Durchreiten des Pischerubbar am anderen Morgen vorbeiritten, um die drei (bei günstiger Jahreszeit kleine) Farsak ONO — O. und wohl wenig tiefer gelegene gilaner Provinzialhauptstadt Rescht zu erreichen. Von Dschumabasar ritten wir denn wieder im Gebiete von Fomen weiter auf leidlichen Wegen, wiewohl immer noch durch viele Ueberschwemmungswässer und zwar nach ONO., dann nach O. zu, wenig nach OSO. Im Walde sahen wir links vom Wege noch einige Häuser, später rechts das zu Fomen gehörige (3 kleine Farsak W. — WSW. von Rescht im Laubwalde gelegene) Dorf Kelaschim. Nach einer reichlichen Stunde guten Rittes seit Dschumabasar passirten wir über eine kleine, aber hohe und spitzige Steinbrücke den kleinen Fluß Lamenban, welcher hier von S. etwa nach N. zu fließt und auf dessen rechtem Ufer das gleichnamige Dörfchen rechts vom Waldwege etwas aufwärts liegt. Dann blieb uns links am Wege das Dorf Mulasera. Nach etwa 1¼ stündigem weiteren scharfen Ritte setzten wir über den ziemlich großen Fluß Paschan, der an dieser Stelle von S. und von SO. nach NON. — N. fließt und die Grenze zwischen den gilaner Bezirken von Fomen und von Rescht bildet. Von dem persischen Binnenzollhause auf seinem rechten Ufer rechnet man bis Dschumabasar zwei, bis Rescht ein Farsak und dies zwar mehr in der Richtung nach ONO., als nach O. zu, auf überschwemmten, zuletzt weniger anmutigen Wegen, immer zwischen hohem Laubwalde mit dichtem Unterholze und zwischen niedrigen Maulbeerbaumpflanzungen hin. Rechts am Wege liegen außer dem Dorfe Mesdschidpuſchte noch einige andere ebenfalls zu dem Gebiete von Reſcht mit gehörige Dörfer. Weiter abwärts ſieht man links vom Waldwege das Dörfchen Ateſchgah (= Feuerort) und bald nachher ebenfalls links das Dorf Ainel (= die Brille) in der Nähe der großen Teiche, von welchen links ein Weg nach dem auf weniger ſumpfigen Waldpfaden 2½ Farſat etwa NWN. abwärts von Reſcht gelegenen Dorfe Reſterrud (Hyänen-fluß) führt, deſſen gleichnamiges Flüßchen ſich bald zu einem großen Sumpfe erweitert, der in das ſogenannte kleine Murdab von Enſeli einmündet. Beiläufig ſei erwähnt, daß die Mündung des ſchiffbaren Flüßchens von Pirebaſar (Herberud) in daſſelbe Murdab ungefähr ½ Farſat in etwa öſtlicher Richtung von Reſterrud entfernt iſt. Der kurze Reſt des nunmehr etwas offneren Waldweges von den Teichen bei Ainel, zwiſchen denen man auf einem gut gehaltenen niedrigen, ſchmalen Erddamme paſſirt, war relativ ziemlich gut bis zu der Stadt Reſcht, welche ich bald nach Mittag wieder erreichte mit dem feſten Vorſaße, dieſen für Menſchen und Pferde höchſt be-ſchwerlichen und gefährlichen Wald- und Sumpfweg in dem nun zum zweiten Male von mir beſuchten Tieflande zwiſchen Kupurtſchal und Reſcht bei ſolcher Jahreszeit wenigſtens wo möglich nie wieder zu reiten.

Was die Identität der im Ober- und Unterlande paſſirten Flüſſe anlangt, ſo vermuthe ich, daß der von den ungläubigen Sunni in Talyſchdulab oben Tſchapru genannte Fluß von den frommen Schïe in Gilan (nach dem früher erwähnten Imamzade an dem rech-ten Ufer ſeines unteren Laufes) unten in Seïd Scherwaſcha um-getauft iſt und daß der fromme gilaner Behember (perſiſch: Peïgamber = Prophet) dem gottloſen talyſcher Tſchaleſeraï ent-ſpricht. Die im Oberlande genannten Bäche münden entweder unten in die größeren Waſſerläufe ein oder werden zu Reisfelder-bewäſſerungen verbraucht, wenn nicht der talyſcher Bach Kiſchehale zum gilaner Flüßchen Siahrer wird und wenn die beiden anderen, Rangulmeſarbſchi und Tellik, im gilaner Tieflande, wie dies oft geſchieht bei dem dortigen Waſſer- und Wäſſerchenreichthum und Wirrwarr, des Benennens nicht für werth gehalten werden. Wenigſtens paſſirte ich, wie ſchon oben bemerkt, zwiſchen Seïd Scherwaſcha und Behember auch einige Bäche, welche man mir, ſelbſt auf Befragen, im Unterlande nicht namentlich bezeichnete.

§ 11.

II. Wäſſer an der Seeküſte von Talyſch, welche in das kalpiſche Meer einmünden.

A. In Talyſchdulab (Küſtenlänge: 3½ Farſat).

1) Mahmed Dukkan (= Muhammed's Laden), ſo genannt von einer am Uferwalde befindlichen, jetzt verlaſſenen Hütte, in welcher ein

gewiſſer Mahmed Handel mit Neft (Erböl von Baku) betrieb, iſt ein ſchmales, ſeichtes Flüßchen, welches ¼ Farſak etwa WNW. hinter dem gilaner Dorfe Kupurtſchal in das kaſpiſche Meer einmündet und zwar in NO., je nach der Jahreszeit oder Witterung auch in SO. und SOS.

2) Mularud, ein kleines Waſſer; ebenfalls Seemündung, wie bei vorigem, je nach der Jahreszeit verſchieden (in NO. SO. SOS.), ſowie auch zeitweiliger Mündungsverſchluß von mir beobachtet.

3) Aſchurkende, ein kleines Waſſer, auch manchmal verſchloſſen und Mündung in NO., auch in OSO. beobachtet, je nach der Jahreszeit oder Witterung.

4) Ein namenloſes Wäſſerchen, ein ſogenanntes Tſcheſchme (Quell). Verſch. Mündung in NO., auch ONO.

Ob und in wie weit die oben § 9 unter I. 7) bis mit 10) mit angeführten vier kleinen Bäche von Talyſchdulab mit den ſoeben aufgeführten kleinen Küſtenwäſſern in Verbindung ſtehen, iſt mir nicht möglich geweſen zu erörtern.

5) Schiwerud, der ſchon oben § 9 unter I. bei dem Dorfe Punak vorläufig erwähnte, hoch oben im Elbursgebirge entſpringende Fluß, welcher an ſeiner Seemündung tief eingeſchnitten von NW. her nach ONO. zu ausfließt. Dieſe Seemündung befindet ſich fünf Farſak etwa WNW.—NW. von Enſeli und ſcheint ein wenig höher, als dieſes zu liegen. Eine ſchwache Strömung des kaſpiſchen Meeres vom Ausfluſſe des großen Murdab bei Enſeli her nach dem Schiwerud zu (vielleicht auch noch weiter nördlich?) habe ich nahe der kaſpiſchen Küſte bis in dieſe Gegend etwa mehrmals verfolgt. Nahe der Mündung des Schiwerud liegen auf beiden etwas erhöhten Ufern zwei einzeln ſtehende Gehöfte, von denen das über dem rechten die einzige bleibende, ziemlich frei und nahe am Wege ſtehende menſchliche Wohnung in ganz perſiſch Talyſch iſt, welche ſich vor dem Küſtenwalde erblicken läßt, während das auf dem linken, ein wenig höheren Ufer gelegene ſchon etwas hinter den erſten Bäumen und Büſchen des Urwaldes verſteckt und hinter einem Graben liegt, den man auf einer kleinen, ſchlechten Holzbrücke überſchreitet. Die Eigenthümer dieſer Häuſer ſind Verwandte des ruſſiſchen Unterthans Mirſa Saleh in Enſeli und eignen ſich auch deshalb mit vortrefflich zu Nachtquartieren. Das auf dem rechten Ufer gelegene Haus iſt Eigenthum des wohlhabenderen Mirſa Mahmed Ali und gehört zu dem etwas aufwärts davon im Walde gelegenen Dorfe Schiwerud, das auf dem linken iſt Eigenthum des weniger wohlhabenden, aber ſehr gefälligen Ahmed und wird zu Mahalle Schaſchku gerechnet, welche Gemeinde ebenfalls weiter aufwärts gelegen iſt. Eine halbe Stunde angenehmen Rittes auf erhöhtem, guten Waldwege bringt uns nach dem Ueberſchreiten

6) eines kleinen Baches, der aus einer nahen Quelle entspringt und vor seiner Seemündung gewöhnlich verschlossen ist, über
das nur wenig größere Wässerchen,

7) Ischtemrub, in welches sich wenig oberhalb seiner meistens
auch verschlossenen Seemündung ein anderes, vom Meeresufer aus
aber vor Wald nicht sichtbares Wässerchen,

7)b. der Bach von Schaschku, ergießt, weswegen der Ischtemrub
an seiner Mündung oft auch mit dem Namen Schaschku belegt wird.
Bald hinter dem Ischtemrub kommt man an den etwas größeren

8) Nolenbe, der vor seiner meist verschlossenen Mündung
von W. nach NO.—ONO. zu fließt und auch bei nasser Jahreszeit nicht gefährlich wird, was hingegen bei dem folgenden, dem
etwas kleineren

9) Alilenbe stattfindet, welchen man bei starken Regen mitunter
kaum passiren kann. Ich fand seine Mündung stets offen, dagegen
die des unmittelbar darauf folgenden kleinen Wässerchens

10) Sendianchale fast stets verschlossen. Zu dem hinter dichtem Walde auf seinem rechten Ufer versteckten gleichnamigen Dorfe
führt ein breites Holzplankenbrückchen in dem vorderen Saume des hier
sehr dichten, mitunter etwas sumpfigen, aber erhöhten Küstenwaldes.
Sehr bald hinter ihm überschreitet man das kleine, etwas sumpfige
Wasser

11) Simburchale, dessen in ONO. ausgehende Mündung in
trockener oder kalter Jahreszeit meist verschlossen ist. Nach starken
Regen aber schwillt es bedeutend an und wird durch Triebsand so
gefährlich, daß es nur in der Meeresbrandung vorsichtig passirt
werden kann. Nicht sehr weit entfernt davon gelangt man an den

12) Dunjatschal (Dehanetschal?). Dieser große, tief eingeschnittene Fluß, der viel Triebsand führt, mündet zwei Farsak von
der Seemündung des Schiwerud in das kaspische Meer in zwei
Armen, von denen der südlichere an seiner Mündung nur selten,
der nördlichere größere aber gewöhnlich durch trockenen Flugsand
gänzlich verschlossen ist und so ein Murdab (Sumpf) bildet. Er
kommt hier an der Küste von WNW. und geht in OSO. bis
nach ONO. in das kaspische Meer. Zwar bildet er die Grenze
zwischen Talyschdulab und dem nun folgenden Talysch Asalim,
jedoch gehört das mit dem Flusse gleichnamige Dörfchen, welches
etwa 1/4 Wegstunde WNW. von der Meeresküste aufwärts auf
seinem linken, etwas erhöhten Ufer in dichtem Küstenwalde liegt,
noch zu Talyschdulab, welches am Küstenrande erst hinter dem
nördlichen (Murdab-) Arme des Dunjatschal schließt.

B. In Asalim (Küstenlänge zwei (kleine) Farsak).

13) Chaleserai. Eine gute halbe Stunde Ritt (im Schritte)
längs der kaspischen Meeresküste, deren Dünen von da an weniger

steil abfallen, bringt uns zu diesem großen, ziemlich tief eingeschnittenen Fluße mit klarem Wasser. Zwischen romantischen Laubwaldpartien hier von W.—WNW. herkommend, mündet er in ONO. in das kaspische Meer. Aufwärts im Walde liegt an seinen beiden Ufern das gleichnamige Dorf und zwar der kleinere Theil desselben auf dem linken Ufer und im Waldsaume dem Meere näher, und noch weiter hinauf am Fluße die Winterresidenz von Nedschef Chan, das Dorf Dijeserak.

14) Alalan, ein kleinerer Fluß mit einer Nesthütte vor dem Ausfluße, ein starkes Farsak von der Mündung des Dunjatschal. Etwas oberhalb seiner Seemündung liegt hinter dem Busche das Dorf Alalan nebst Basar zwischen Reisfeldermorästen.

15) bis mit 17) Etwa drei namenlose Abflüsse von Küstensümpfen und Reisfeldern folgen bald darauf.

18) Nowarub. Der große, sehr breite, steinige Fluß fließt an der Küste von WNW. her und mündet in mehreren, fast ineinander überfließenden, breiten, steinigen Betten in ONO.—O. aus. Seine Mündung liegt von der des Dunjatschal reichlich 1½ Farsak, von der des Schimerud fast vier schwache Farsak NW.—NWN., vom Chaleseraï ein starkes Farsak und ist wahrscheinlich auch nur wenig höher, als Enseli am kaspischen Meere gelegen.

19) Chaletschefchme, auch Serdabchale genannt, ein an der Küste mitunter verschlossener Bach, folgt bald auf den Nowarub und bildet die Grenze zwischen Talysch Asalim und Kerganrud.

C. In Kerganrud (Küstenlänge 8½ Farsak).

20) Kelsarub, ein großer Bach, mündet in Büchsenschußweite von dem vorigen Bache, fast ½ Farsak vom Nowarub, in das kaspische Meer. Vom Alalan bis hierher ist es ziemlich ein Farsak.

21) Hinbekeran oder Hinbakrub und

22) Dake oder Dakibehane heißen ein Paar bald nach einander folgende sumpfige Bäche, deren zweiter manchmal an der Küste verschlossen ist. — Einmal bezeichnete mir wohl der falsche Kedchuba (= [Dorf=] Schulze) Bagschali in dem ein Farsak etwa aufwärts im Walde gelegenen Tulerub am linken Ufer des Hinbakrub, welcher bei diesem Dorfe von WSW. nach OSO. fließt, die beiden Bäche als einen, indem er sagte, der Dake des Meeresrandes werde in seinem oberen Waldlaufe Hinbakrub genannt. Eine abermalige genaue Vergleichung meiner verschiedenen Tagebücher und der mißtrauische und rohe Charakter jenes Mannes lassen mir jedoch seine Angaben als absichtlich erlogene erscheinen.

23) und 24) In der Nähe dieser beiden Sumpfbäche reitet man an ein Paar kleineren Sumpfausbuchtungen vorüber, die nach dem Meere zu fast immer geschlossen sind.

25) **Rerganrud.** Der große, breite, steinige, an der Küste ziemlich gleichmäßig, jedoch nicht besonders tief eingeschnittene Fluß mit klarem, frischen Wasser, entspringt hoch oben im Elbursgebirge oberhalb Alewler und fließt an dem freien Meeresrande von W. nach O. aus. Auch seine Passage wird bei Anschwellungen sehr gefährlich durch das reißende Wasser in dem mit Steinblöcken besäten Flußbette. In der Nähe seiner Mündung befindet sich auch eine Nesthütte am kaspischen Meere, da wo die Temparaturdifferenz dem längs der kaspischen Küste Reisenden bemerkbar wird. Seine Mündung ist von der des Nowarud 1½ Farsak NWN. entfernt, vom Kelfarud ein Farsak, von der Mündung des Dale ½ Farsak NWN.

25) b. Puschte, ein Bächlein, von dem ich nicht gewiß weiß, ob es in das kaspische Meer mündet, da ich es am Meeresrande passirt zu haben mich nicht erinnere und man so oft an dieser Küste wenigstens zeitweise verschlossene Wässer antrifft. Im Ufterwalde, wo ich ihn einmal passirt zu haben bestimmt weiß, floß er von WNW. nach ONO.

26) **Chobschaleri** (nicht zu verwechseln mit Nr. 46, S. 23), ein tief eingeschnittener, aber schmaler, träger Fluß mit sandigen Ufern, von denen das rechte höher, als das linke ist, kommt aus dem waldigen Küstensaume durch sehr wenig gewellten Sandboden von NWN., geht gewunden in O. bis OSO. in das kaspische Meer und ist hier ein Farsak von der Seemündung des Rerganrud entfernt.

27) und 28) Ein Paar häufig ganz versiegende Murbababsflüsse und der Bach

29) **Kalahbintschaï** (= Bach unter dem Schlosse) folgen in dem trockenen, tiefen, mittelfeinen, hellgelben Küstensande sehr bald dem Chobschaleri, mit welchem der Kalahbintschaï ziemlich denselben Küstenlauf gemein hat.

29) b. Ein Reiswässerchen, deren es dort herum hinter dem Küstenwalde viele giebt, fließt durch das nicht weit oberhalb der Küste unter den ersten Waldhügeln gelegene Dörfchen Kalahbin und mündet vermuthlich mit in den vorigen Bach.

30) **Lifar,** ein breiter Gebirgsfluß, fließt an der Küste von W. nach O. aus und ist hier (des tiefen Küstensandes auf der eben zurückgelegten Stelle wegen mit) 2½ (eigentlich nur 2 starke) Farsak etwa N. von der Mündung des Rerganrud entfernt. An ihm liegt das Dorf Lifar wenig oberhalb des Meeresrandes im Waldsaume.

31) bis mit 33) Einige Murbab am Waldsaume folgen bald, sowie der Bach

34) **Usinab** (= Langwasser?), welcher hier von NWN. nach OSO. sich in das kaspische Meer ergießt.

35) **Chatheseraï** (Chatibseraï?), ein kleiner Gebirgsfluß, mündet 1½ Farsak etwa N. wenig bei NWN. vom Lifar. Das gleich-

2*

namige Dorf auf seinem rechten Ufer liegt schon in den ersten Waldhügeln verborgen, welche sich von nun an dem kaspischen Meere
nähern. Mündung von W. nach O.

36) Schilawer, ein größerer Gebirgsfluß, dessen Seemündung
von W. nach O. nach einer Stunde Schrittreiten auf der wenig
gewellten sandigen Küste in der Richtung N.—NWN. vom Chatbeseraï erreicht wird, trägt auf seinen beiden Ufern das gleichnamige
Dorf wenig erhöht über der kaspischen Meeresküste hinter dem ersten
Waldsaume. Sein klares, kühles Wasser gilt für das beste in ganz
persisch Talysch. Die kleine Bucht zwischen ihm und dem vorigen
Flusse, dem Chatbeseraï, biegt sich stark nach W. ein und zwar wird
von der Mündung des Schilawer aus ihr wenig hinter der Wege-
hälfte (mehr nach dem Chatbeseraï zu) gelegener innerster Punct in
SW. gesehen.

37) Heranberud, ein kleiner Bach, kurz vor dem folgenden Flusse.

38) Hewir (Hewiru[b]), ein sehr großer Gebirgsfluß, ein Farsak
N. vom Schilawer, ist kurz vor seinem von W. nach O. etwa
stattfindenden Ausflusse getheilt und trägt auf seinen beiden Ufern
das gleichnamige große Dorf, welches mit seinen ersten Hütten gleich
hinter dem nahen und wenig erhöhten Waldsaume beginnt und sich
bis in die ebenfalls hier nicht entfernten ersten Waldhügel erstreckt.

39) Tschapar (Dschober?) oder Tschapartschaï, ein ansehnlicher
Bach, ½ Farsak etwa N. vom Hewir entfernt, durchschneidet wieder ziemlich gleichmäßig erhöhte Sandbünen vor dem Küstenwalde
und mündet in OSO. in das kaspische Meer.

40) Limir, ein ziemlich großer Gebirgsfluß, den an seiner Münd-
ung mehrere sumpfige Nebenärmchen begleiten, mündet ein Farsak etwa
N. vom Hewir, von W. nach O. etwa zwischen wieder niedrigeren
Sandbünen in das kaspische Meer und trägt ebenfalls ein gleich-
namiges Dörfchen auf seinen beiden Ufern, welches mit einigen
Hütten auf dem linken Ufer gleich hinter dem Saume des Küsten-
waldes beginnt und sich bis in die nahen ersten Waldhügel des
Elbursgebirges erstreckt.

41) Em Murbab, dessen Seemündung nur in nasser Jahreszeit existirt.

42) Rustemban, ein kleiner Bach, der bei trockener Jahreszeit
gar nicht existirt, bei nasser durch Ansammlungen von Regenwasser
und geschmolzenem Gebirgsschnee gebildet, fast ½ Farsak N. vom
Limir und zwar in SO. in das kaspische Meer morastig einmündet
und die Grenze zwischen Kerganrud und Astara Talysch bildet. Nach
dem etwas aufwärts davon gelegenen Dorfe wird er auch Kasina genannt.

D. In persisch Astara Talysch (Küstenlänge 3½ Farsak).

43) Tschelwend, ein Gebirgsfluß von Mittelgröße, mit
einem gleichnamigen Dorfe, welches hinter dem nur wenig erhöhten

Saume des Küstenwaldes auf beiden Flußufern liegt, mündet etwa 1¼ Farsat N. vom Limir in SO. in das kaspische Meer und trägt in seiner Mündung auch eine lockere Bank von grobem Sande mit Muschelschaalen, welche letztere sich überhaupt am kaspischen Meere streckenweise sehr häufig vorfinden.

44) Lewendewel (Lewendewi), ein kleines Flüßchen, fällt sehr bald darnach von NW her in SOS. in das kaspische Meer.

45) Viele Sümpfe (Murdab) ziehen sich später sowohl links vom Wege an dem nun streckenweise etwas mehr zurücktretenden und auch wenig erhöhten Küstenwalde, als auch rechts davon an der sandigen Meeresküste hin. Sie haben gewöhnlich nur einen, in trockenster Jahreszeit gar keinen Ausfluß in das kaspische Meer, nach Anschwellungen aber mehrere, und mögen dann untereinander, vielleicht selbst auch mit dem folgenden Sumpfflusse, in Verbindung stehen, weswegen sie alle hier auch nur unter einer Nummer mit aufgeführt werden. Wohl zum Theile wenigstens scheinen sie von dem zum künstlichen Bewässern von Reisfeldern verwendeten Wasser des Baches Kenarrud (= Randfluß, Küstenfluß) gebildet zu sein, welcher nebst einem gleichnamigen Dorfe etwas oberhalb vom Lewendewel sich befindet.

46) Chobschakeri (von A. Olearius, S. 484, Choskedohené, Dröge Mund [richtiger: Choschledehane = trockene Mündung] genannt) oder Muladitschaï folgt, nachdem man zwei reichliche Stunden hinter dem Lewendewel an dem meistens nur wenig erhöhten Küstenwalde hin geritten ist, welcher sich nach und nach immer mehr vom Meeresufer weg und zu den ersten Hügeln hinaufzieht, zwischen welchen und dem sandigen Meeresufer sich nun wieder große Sümpfe ausbreiten, welche vielleicht mit den unter der vorigen Nummer aufgeführten communiciren. Der Chobschakeri (nicht zu verwechseln mit Nr. 26, S. 21) fließt vom Hügelwalde her in der Richtung von WNW. nach SOS. zu in diese Sümpfe und bildet dann unterhalb derselben als tief eingeschnittener, breiter und tiefer Sumpffluß zugleich mit deren Abfluß in das kaspische Meer. Seine von WNW. nach SOS. zu gerichtete Seemündung, vor welcher seit Jahren schon das Wrack eines gescheiterten, großen, russischen Kauffahrteischiffes liegt, ist sehr veränderlich und oft sehr gefährlich zu passiren. Bald ist sie ganz versandet, bald so schmal und seicht, daß man sie blos für den Abfluß eines Reiswassers zu halten versucht sein möchte, bald schlägt die Meeresbrandung in sie hinein, macht sie breit und tief und führt so viel Triebsand in dieselbe, daß sie nur mit außerordentlicher Vorsicht, mitunter gar nicht passirt werden kann. Im letzteren Falle wählt man zum Durchreiten etwas oberhalb eine freilich oft nicht minder gefährliche, breite, tiefe, schlammigsandige Furt, deren linkes Ufer namentlich ziemlich steil und locker ist.

47) **Aſtaratſchaï**, ein ziemlich großer, breiter, tief eingeſchnittener Gebirgsfluß, wird eine gute Viertelſtunde von dem vorigen Fluſſe gewöhnlich im Lande und zwar nach Durchreiten einer etwas offeneren Gegend und des perſiſchen Baſar von Aſtara paſſirt, faſt nie in der nur ſelten trockenen Seemündung, welche hier von W. nach SOS. zu ausgeht und deren linke Uferſpitze ziemlich 2³/₄ Farſał N. — S. — NON. von der Seemündung des Tſchelwend entfernt liegt, ſowie zwei reichliche Farſał N. wenig bei NON. vom Lewendewel und vier Farſał etwa in gleicher Richtung vom L2mir. Bei Anſchwellungen paſſirt man ihn nicht zu Pferde, ſondern in großen ruſſiſchen Booten, welche nahe der ruſſiſchen Quarantaine und Zollſtätte von Aſtara landen; denn der Fluß von Aſtara bildet die Grenze zwiſchen perſiſch und ruſſiſch Aſtara Talyſch.

E. In ruſſiſch Talyſch (Küſtenlänge von Aſtara bis zur Breite von Gisltepe an 91 ruſſiſche Werſt oder 13 perſiſche Farſał).

Von ruſſiſch Aſtara nach der ruſſiſchen Feſtung Lenkeran im Allgemeinen nordwärts reitend und zwar zum größeren Theile ebenfalls dicht am kaſpiſchen Meeresufer oder doch in deſſen Nähe, paſſirt man ein Farſał von Aſtara den breiten, tiefen Fluß

48) **Kalabdehane** (Chaledehane? Kulledehane?) gewöhnlich auf einer ruſſiſchen Seilfähre und auf dem linken Ufer nahe dem kaſpiſchen Meere ſogleich die Gebäude einer kleinen ruſſiſchen Wataga (Fiſcherei). Dieſer ziemlich tief eingeſchnittene Fluß, der mir auch mit großen, hier der kaſpiſchen Küſte ebenfalls parallel laufenden Sümpfen in Verbindung zu ſtehen ſcheint, fließt hier von WNW. nach SOS. in das kaſpiſche Meer aus. Es iſt mir aber auch vorgekommen, daß ſeine Mündung verſchloſſen und ſo verſandet war, daß meine Pferde trockenen Fußes darüber hinweggingen.

49) Einige kleine Sumpfabflüſſe folgen.

Wenig hinter dem auf der Hälfte des Weges nach Lenkeran hinter dem Küſtenwalde ſchon gelegenen, dem (1866 verſtorbenen) ruſſiſchen Unterthan Mir Abbas Beg auch mit gehörigen großen Tatarendorfe Schahagabdſchi reitet man auf einer kleinen Holzbrücke über den ſehr tief eingeſchnittenen, ſchmalen Fluß

50) **Seisdehane**, einen Abfluß von großen Küſtenſümpfen, welcher hier, kaum drei Farſał N. von Aſtara, von WNW. kommt und gegen OSO. in das kaſpiſche Meer einmündet.

Zur Regenzeit paſſirt man dann auf der letzten Strecke des Küſtenweges noch unzählige Abflüſſe von höher gelegenen Küſtenſümpfen.

Die Küſtengegend von Schahagabdſchi etwa an bis ziemlich hierher iſt eine von denjenigen des weſtlichen Südbeckens des kaſpiſchen Meeres, welche daſſelbe am meiſten auswäſcht und zerfrißt, ſo daß bei unruhigem Meere dieſe lange Strecke mindeſtens höchſt unangememm zu reiten ist, durch die Brandung sowohl, in der man sich fortwährend daran befindet, als auch durch links herabfallende und rutschende ausgewaschene Erde. Manchmal soll man sogar genöthigt sein, einen höher gelegenen Sumpfweg zu wählen, was mir jedoch nie passirt ist. Wegebesserung thäte hier noth. — Nachdem man ein großes Tatarendorf am kaspischen Meere passirt hat, gelangt man an den großen Fluß, welcher fünf Farsak nördlich (vielleicht nur ganz wenig nach NWN. zu) von russisch Astara unter den Wällen der auf dem linken Ufer seiner Mündung gelegenen russischen Grenzfestung Lenkeran von W. her fließt und dicht unterhalb derselben sich in O. in das kaspische Meer ergießt, wobei er durch Sandbänke in mehrere Arme getheilt wird. Dieser Gebirgsfluß,

51) Waserud, auch Lenkerantschaï genannt, hat hier ein sehr breites und steiniges, tief muldenförmiges Bett, welches durch Regengüsse und Schneeschmelze mitunter ganz von Wasser überschwemmt ist, wonach das Durchreiten desselben oft zur Unmöglichkeit wird. Da keine Brücken über ihn führen, so müssen dann Menschen und Gepäck in Kähnen auf sein linkes Ufer, in dessen Nähe er tiefer und außerordentlich reißend ist, nach Lenkeran übergesetzt werden, während die Pferde an der Leine durchschwimmen.

Hinter Lenkeran werden die Waldberge des Elburs immer niedriger, treten immer mehr nach NW. hin zurück und sinken hinter Göktepe (Blauhügel), der 56 Werst von Lenkeran etwa NW, wenig bei NWN. gelegenen dritten russischen Poststation, wo die Moganstepppe beginnt, zu dünner und niedriger bewaldeten Hügeln herab, die sich noch vor der vierten russischen Poststation Dscheïranberka, der letzten vor der Stadt Salian, schon in weiter Ferne links von der Steppenstraße in ziemlich tahle bläuliche, zuletzt bräunliche Anhöhen verlieren. Zwischen Lenkeran und der 20 Werst davon entfernten ersten russischen Poststation, der Wataga (russische Fischerei) von Kumbaschi (= Sandesanfang), zieht sich parallel mit dem kaspischen Meer und links von der sandigen Poststraße, die meistens auf einer mit niedrigem Strauchwerk, später nur mit hohem Schilf besetzten länglichen, ziemlich flachen Sandbank, etwa nach NWN. zu verläuft, ebenfalls

52) ein sehr langes Murdab hin, welches nahe bei der Wataga und nördlich davon, sowie südlich von der nahen Halbinsel Sarä, der einstigen ersten Station der russischen Kriegsflotille auf dem kaspischen Meere, in das letztere einmündet.

Unmittelbar hinter dem Posthause von Kumbaschi überschreitet man jenen tief eingeschnittenen, breiten Murdabarm nicht weit oberhalb von seiner Seemündung auf einer langen Holzbrücke und fährt hinter derselben durch ein ziemlich niedrig gelegenes Dorf von exilirten russischen Altgläubigen, mit einer Obstbaumallee zu beiden

Seiten der Poststraße und mit gut cultivirten Feldern rechts und links von derselben weiter. Von da bis zu der zweiten russischen Poststation von Kyhylagadsch, welche ziemlich weit jedoch von dem gleichnamigen, mehr nach dem kaspischen Meere zu liegenden Tatarendorfe, 16 Werst von Kumbaschi entfernt ist, zieht sich die russische Poststraße in der offenen, ziemlich angebauten Fläche mehr links, so daß man das kaspische Meer bald aus den Augen verliert. Unmittelbar hinter der Poststation von Kyhylagadsch passirt man den hier sehr tief eingeschnittenen und fast zum Steppenfluß schon herabgesunkenen

63) Welesch, der ebenfalls vom Elbursgebirge herabkommt und wenig unterhalb von hier in das kaspische Meer einmündet. Er ist das einzige nennenswerthe fließende Wasser von Lenkeran bis hinter Giöktepe, vor welchem letzteren sich niedriges Eichengehölz und eine kleine Anhöhe auf dem Wege zeigen, bevor man dahinter in die volle (Mogan-) Steppe einfährt.

§ 12.
Päffe im Elbursgebirge.

Obwohl nach der gewöhnlichen Anordnung die Gebirgspässe vor den Flüssen abgehandelt werden, so erlaube ich mir doch diese Umdrehung, weil sie nicht nur mir, der ich nur zwei Talyschpässe bereiste, sondern überhaupt weniger bekannt sind und es mir der Orientirung halber daran lag, die Flußmündungen und die Küstenbildung vorauszunehmen. In der nachfolgenden kurzen Beschreibung der bis jetzt bekannt gewordenen Querpässe steigen wir nun umgekehrt von dem russischen nördlichen Talysch nach dem persischen südlichen hinauf.

1) Der auf Kiepert's Karten mit dem Namen Aghsi Gedyk verzeichnete Paß in dem russischen Nordende des Elbursgebirges beginnt 16 Werst (reichlich zwei Farsak) etwa WSW. hinter und über dem Tatarendorfe Masali in russisch Talysch bei der Therme von Arkewan und führt an dem (eben § 11 unter 63 erwähnten) munteren Gebirgsflusse Welesch aufwärts zu der Höhe des Elbursgebirges, wo sich ein Dorf befinden soll. Er soll sehr leicht zu passiren sein, was schon durch die hier geringere Höhe des Gebirges erklärlich wäre, welches auf der andern Seite nach dem aserbaïdschaner Hochplateau zu relativ noch niedriger erscheinen würde. Von seinem Westrande soll ein ebenfalls guter Weg nach der nicht entfernten Stadt Arbebil in der nordpersischen Provinz Aserbaïdschan führen, welchen Händler der Mogansteppe von Masali, Giöktepe und Umgegend aus gewöhnlich in zwei bis drei Tagen zu Pferde und mit Gepäck bequem zurücklegen sollen. Ich selbst bin von Masali aus

nur bis zu seinem waldigen östlichen Anfange, bis zu der Therme von Arkewan, geritten.

2) Der Paß von Astara auf der Grenzscheide zwischen Rußland und Persien und zwar mit seinem Verkehrswege in dem letzteren Lande auf dem rechten Ufer des Astaraflusses (siehe oben § 11 unter Nr. 47) gelegen, führt von dem persischen Basar von Astara am kaspischen Meere durch den steilen Urwald des Elbursgebirges hinauf zu dem trockenen aserbaidschaner Hochplateau und auf demselben ebenfalls zu der nahen persischen Stadt Ardebil, welche einen Hauptknotenpunkt für Handel und Verkehr abgiebt. Dieser schlechte Weg wird zu zehn Farsak gerechnet und wird der räuberischen Schahsewen wegen gewöhnlich in einem Tage zurückgelegt, was allerdings bei und nach Regen oder im Winter, wo übrigens die Schahsewen dort nicht zu fürchten sind, durch viel Schnee im Hochgebirge manchmal zur Unmöglichkeit wird. Man bleibt dann in einem der ersten Dörfer des aserbaidschaner Hochplateau über Nacht oder tritt von dort aus die Reise abwärts an. Von der russischen Quarantaine von Astara aus führt ein Anfangs etwas morastiger, aber kürzerer Seitenweg in der Länge von etwa ¹/₂ Farsak am linken Ufer des Astaraflusses aufwärts, welcher dann auf dessen rechtem Ufer in den schlechten persischen Karwanengebirgspfad einmündet. Bei niedrigem Wasserstande wird oft die Grenze verletzt oder auch im Astarafluße selbst streckenweise geritten, um den Waldhügeln auf dem rechten Ufer auszuweichen und so den Weg zu kürzen oder bequemer zu machen. Ich selbst bin diesen ganzen Paß nur einmal und zwar am 20. September 1855 mit vieler Mühe unter strömendem Regen und dadurch verursachter großer Gefahr herabgeritten.

3) Der Paß von dem an den ersten Waldhügeln der kaspischen Seeküste gelegenen Kyschlak (Winterdorf) Chatbeseraï (so § 11 unter 35) in persisch Kerganrud Talysch nach der Stadt Ardebil wird von Karwanen kaum benutzt. Der Wirth meines Nachtquartiers vom 5. zum 6. Januar 1860, Mir Kasim in Chatbeseraï, erzählte mir unter anderem auch, daß das Jaïlak (Sommeraufenthalt) seines Dorfes Kema heiße, noch in der obersten Waldregion des Elbursgebirges liege und daß von Chatbeseraï (¹/₂ Farsak über der kaspischen Seeküste) ein ziemlich guter, nach anderen dortigen Aussagen aber beschwerlicher Weg von 5¹/₂ Farsak in westlicher Richtung da hinauf führe; von da bis Ardebil seien es nur drei Farsak, so daß der Paß von Kema den kürzesten Weg von der kaspischen Seeküste nach Ardebil abgeben würde. Von Kema soll auch ein Gebirgsweg nach dem nahen Hauptjaïlak von Alewler führen.

4) Der Paß von Alewler (weiße Häuser), Jaïlak des Chan von Kerganrud Talysch. Vom kaspischen Meeresufer in westlicher Richt-

ung etwa sechs Farsal aufwärts liegt das Hauptjaïlal von Kerganrud in der oberen Waldfrische des Elbursgebirges am linken Ufer des Kerganrud (siehe oben § 11 unter Nr. 26) unterhalb grüner Matten, welche sich zwischen Gehölz bis zu dem auf der anderen oder aser-baïdschaner Seite kahl, dürr und wild abfallenden Gebirgskamme hinauf erstrecken. Man reitet vom kaspischen Meeresufer ein Farsal wenig aufwärts bis zu der großen Gemeinde (Mahalle) Kerganrud, von da bald ziemlich steil fünf Farsal auf ziemlich guten, selbst mit ein Paar Brücken versehenen Gebirgspfaden hinauf längs den Ufern des tosenden und schäumenden Kerganrud mit Berg- und Wald-scenerien, ähnlich manchen im norddeutschen Harzgebirge. Hinter Akewler reitet man erst noch zwischen Laubwald, dann zwischen quellen-reichen Wiesen mit einzelnen niedrigeren Bäumen noch ein Farsal aufwärts bis zur Paßhöhe, von wo man bis Ardebil sechs Farsal rechnet. Durch ein verrufenes, langes, trockenes, ödes Hochthal mit kahlen, wild zerrissenen Felsen, gelangt man dann hinab zu dem ersten aserbaïdschaner Dorfe Hasawar am Fuße des Elbursgebirges und am Anfange der Hochebene von Ardebil. Im Winter kann wegen Schnee dieser Weg nicht immer passirt werden, sondern man geht dann von Akewler auf einem Umwege über Binawar nach Ardebil, welches auf diesem Wege acht Farsal (wenn nicht mehr) entfernt sein soll. Ueber den Paß von Akewler und zwar über Hasawar nach Ardebil bin ich selbst am 18. September 1855 ge-ritten. Ein Seitenweg führt von Akewler nicht weit von der Therme von Chaldal vorüber nach der angeblich nur zwei Farsal entfernten Hauptstadt Herro der aserbaïdschaner Gebirgslandschaft Chaldal. Der Paß von Akewler ist unter den hohen Pässen des persischen Elbursgebirges eine der gangbarsten und bequemsten, wenn auch nicht allemal ganz sicheren Karwanenstraßen zwischen der kaspischen Seeküste und Ardebil, beziehendlich Tebris, und große Mengen gilaner Rohseide gehen auf diesem Wege nach Europa, besonders wenn im Winter die directe Communication zwischen Rescht und Tebris über das Elbursgebirge durch den hohen und sehr schwie-rigen Paß von Masula in Gilan durch Massen von Schnee zeitweise gehemmt ist.

5) Der Paß des Nowarud (siehe oben § 11 unter Nr. 18) zwischen Talysch und der Stadt Herro in Chaldal wurde von dem Botaniker Dr. F. Buhse in Riga vom kaspischen Meeresufer her am 28. April 1848 überstiegen. Er giebt die Richtung des Nowarud-thales als „vorherrschend WSO." und die Paßhöhe, welche er Herropaß nennt, zu 6589 pariser Fuß über dem Meere (nicht dem kaspischen Meere) an. Der Marsch war mühsam und ging langsam vor sich.

6) Der von demselben Dr. F. Buhse Gerabawendpaß (bezeichnender vielleicht Schiwerudpaß) genannte Paß im Elburs-

gebirge wurde von ihm am 30. April 1848 von dem von der Stadt Herro südöstlich gelegenen aserbaidschaner Gebirgsdorfe Chumes aus überstiegen, worauf er am Schiwerud (siehe oben § 9 unter I. 7) bis mit 10) und § 11 unter II. 5) abwärts in das Dorf Punal in Talyschdulab ging, welches ein Farsat oberhalb der kaspischen Meeresküste liegt. Nach ihm ist der Paß sehr hoch und beschwerlich zu passiren und sein höchster Punct 8228 pariser Fuß über dem Meere gelegen. — Diesen Weg über Punal nach Herro schlagen auch die aus Gilan in ihre Heimat wieder zurückkehrenden oder von hier dahin ziehenden chalchaler Tagearbeiter und Toptschi (persische Artilleristen) gewöhnlich ein, indem sie beziehendlich von Enseli zunächst westlich 3½ Farsat nach Kupurtschal und von da nach dem nahen zu Gildulab gehörigen Dorfe Tschaïbitschar gehen, welches an der nordwestlichsten Ausbuchtung des großen Murdab von Enseli reichlich ein Farsat SO. unter Punal liegt. Auch als Karwanenweg zwischen Gil- und Talyschdulab und zwischen Chalchal wird dieser Paß oft benutzt. Die Entfernung zwischen Punal und Herro in Chalchal wurde mir in dem ersteren Orte zu zwölf Farsat angegeben.

Es mag noch manchen Paß im Elburzgebirge von Talysch nach Aserbaidschan geben; allein sie sind mir nicht bekannt geworden, und jedenfalls sind die unterwähnten beiden Pässe von Astara und Atewler die wichtigsten für den Handelsverkehr. Den Paß von Masula habe ich von Aserbaidschan her am 15. Juli 1864 überstiegen; jedoch gehört er zu Gilan und nicht hierher, wiewohl er oft verwechselt wird mit dem nördlich und nicht weit davon befindlichen

7) talyscher Passe von Masal, demselben, welchen J. Fraser auf seiner Flucht im Juni 1822 erstieg, von dem man auch irrthümlich angenommen hatte, daß es der Masulapaß gewesen sei. Dieser Paß führt von Lohesar aus am Chalelaï oder Masal (siehe oben § 9, I. 1) aufwärts nach dessen Ursprung und zu dem Jailal von Masal bei (oder auch in) dem aserbaidschaner Gebirgsdorfe Gilewan Schahrud, dessen Entfernung von Lohesar am Chalelaï in Masal nur zu sechs Farsat gerechnet wird.

§ 13.
Klima und Krankheiten.

Im Allgemeinen ist das Klima im Unterlande sehr feucht und warm, mit seltenem und an der Küste des kaspischen Meeres, sowie des großen Murdab von Enseli meistentheils sofort zerfließenden, nur im Norden, in russisch Talysch, höheren Schnee. Im waldigen Mittelgebirge des Ostabfalles des Elburzgebirges ist es gemäßigt warm und feucht, mit mehr Schnee und Eis im Winter, im Hochgebirge aber trocken und gemäßigt, im Winter kalt mit vielem, starkem Eise und sehr großen Schneemassen, welche zeitweilig, nebst denen des tieferen Landes, durch den heißen, trockenen Wind (Badegerm persisch, Istijel tatarisch) zu größerem oder geringerem Theile weggeschmolzen und aufgesaugt werden. Dieser Wind weht an der ganzen Süd- und Südwestküste des kaspischen Meeres, wiewohl in Talysch in etwas geringerem Grade als in Gilan z. B., vom Spätherbst bis in das Frühjahr hinein in unregelmäßigen Zeiträumen länger oder kürzer, heftig oder schwach von dem Elbursgebirge herab. Daß bei der Ausdehnung von persisch und russisch Talysch über zwei Breitengrade eine Abnahme der Wärme nach Nord zu stattfindet, welche namentlich in russisch Talysch schon sehr bemerkbar wird, ist erklärlich und wurde schon oben gelegentlich angedeutet, als von der auffälligen Temperaturdifferenz in der Nähe der Seemündung des Kerganrud (siehe oben unter § 11, Nr. 25, S. 21) die Rede war. Auch das Wachsthum der Pflanzen und die Qualität derselben bestätigt dies, denn während, abgesehen von dem Gebirgslande, die Seide von Talyschbulab noch zu den guten Sorten der Gilanseide gerechnet wird, sinkt die nördlich davon in Talysch erbaute zum großen Theile noch unter das Niveau der masanderaner herab und, während die Orangebäume im Unterlande von Talyschbulab zwar noch farbige und große, aber saure Früchte hervorbringen, fristen die in Kerganrud schon ein fruchtloses, nur kümmerliches Dasein und können in russisch Talysch den Winter im Freien nicht mehr ausdauern. Nimmt man die mittlere Jahrestemperatur von Lenkeran zu + 11° R. und die von Rescht in Gilan zu + 15° R. an, so dürfte sich für das Unterland von persisch und russisch Talysch vielleicht eine mittlere Jahrestemperatur ergeben, welche von + 14° R. im S bis auf etwa + 9° R. im N. herabstiege, womit auch so ziemlich die metereologischen Beobachtungen und die Temperaturmessungen des kaspischen Seewassers und seiner Zuflüsse stimmen würden, die ich während zahlreicher Ausflüge und längeren Aufenthaltes auch in Talysch zu verschiedenen Jahreszeiten anstellte. Im Uebrigen findet hier im Unterlande ein ähnlicher Wechsel zwischen Berg- und Seewinden statt, wie an den Südküsten des kaspischen Meeres und die atmosfärischen Niederschläge sind auch hier sehr bedeutend, vorzugsweise als Regen und Thau.

Das Klima des Hochlandes ist im Allgemeinen gesund, doch disponirt es zu Katarrhen und andern entzündlichen Affectionen der Athmungswerkzeuge, sowie zu Zeiten zu Rheumatismen. Im Unterlande hingegen ist es sehr ungesund, besonders im Hochsommer und Herbstesanfange und erzeugt hauptsächlich bösartige Wechsel- und Küstenfieber und Ruhr, letztere gewöhnlich mit ersterem vereinigt und daher fast nie ohne Mithilfe von Chinin zu behandeln. Diese ursprünglichen Sumpfkrankheiten, welche namentlich Bitam in Schandermin in Beruf bringen, erstrecken sich auch über den eigentlich sumpfigen Küstenstrich nordwärts in russisch Talysch hinaus und in die Mogansteppe hinein, wenn sie daselbst auch im Allgemeinen minder gefährlich auftreten, als in den sumpfigen Niederungen der Südküste. Dadurch bewahrheitet sich der Satz abermals daß die Malaria alten Meeresboden, möge er selbst von den glühenden Strahlen einer afrikanischen Sonne ausgedörrt und verbrannt erscheinen, vorzugsweise liebt. Treten Malariakrankheiten im Hochgebirge auf, so sind es entweder hinaufgeschleppte Fälle, oder es sind Recidive mit Fieberkachexie behafteter Personen, welche sich fast bei jeder den Organismus berührenden Unzuträglichkeit, die anderwärts und in andern Individuen andere Krankheitserscheinungen bedingen würde, in höherem oder niederem Grade als typische Formen bethätigen. Daraus erhellt zugleich mit, daß der bloße Klimawechsel weder einen frischen Fieberanfall, wenn er ihn auch oft bedeutend abschwächt, sofort aufzuheben vermöge, noch daß er ohne Beihilfe anderer Mittel eingewurzelte Fieberkachexien sobald wenigstens zu heben im Stande sei. In manchen Jahren treten, der Beschreibung nach, auch hier kleine Epidemien von Griesingers biliösem Typhoid auf, so namentlich in Talysch Masal fast periodisch jeden vierten bis fünften Herbst; vielleicht auch in Lenkeran und Umgegend. Häufig sind auch die Pockenepidemien unter den Kindern und die Blasensteine (vielleicht mit eine Folge der vielen kalkhaltiges Wasser führenden Gebirgsflüsse?) bei ihnen und Erwachsenen, namentlich in den südlicheren Theilen von Talysch. Syphilis, Haut- und Augenkrankheiten sind seltener, als in anderen Theilen von Persien. Eingeweidewürmer, namentlich Spul- und Madenwürmer, aber auch Bandwürmer sind hier wohl eben so häufig, wie an den Südküsten des kaspischen Meeres. Die Pest hat 1829 auch hier sich das letzte Mal gezeigt, und daß man im Frühjahre 1856 nichts von der Ausbreitung der Cholera nach Talysch vernahm, während sie damals ganz Nordpersien verheerte, liegt wohl weniger in dem ganz ungenügend und durch die talyscher Miliz im höchsten Grade lächerlich nachgeäfften Sanitätscordon zwischen Enseli und der Talyschküste, als in anderen noch nicht bekannten oder gehörig zu erörtern gewesenen Ursachen, zu denen vielleicht auch der in jedem Frühjahre stattfindende Aufbruch der Talyschi nach dem Elbursgebirge mit gehören könnte. Die gleichzeitig damals in Masanderan und Gilan mit auftretende Rinderpest verbreitete sich jedoch damals schon nach Talysch und verheerte diese ganze Landschaft Jahre lang zum größten Nachtheile der Viehzucht und des Handels mit ihren Producten nach Rußland.

Die ungesunde Beschaffenheit der Küste und des Unterlandes überhaupt, sowie der Betrieb der Viehzucht veranlaßt auch die Ta-

tyſchi, im Frühjahre mit ihren Heerden auf das Hochgebirge hinauf-
zuziehen in das kühlere Jaïlat (Sommerſitz), von wo ſie erſt tief im
Herbſte wieder in das wärmere Kyſchlak (Winterſitz) des Unterlandes
herabſteigen. Der Gebirgsbewohner aber, welcher wegen dringender
Geſchäfte das luftige Jaïlat mit dem heißen, dampfigen Kyſchlak,
auch nur auf ganz kurze Zeit vertauſchen muß, fühlt ſich höchſt unglücklich und jammert ſchon im Voraus über das wahrſcheinlich
mitzubringende Wechſelfieber. Im Unterlande bleiben nur ſehr
wenige Perſonen zurück zur Beſtellung des Seide- und Reisbaues,
und auch von dieſen gehen, nach beendigter Ernte, die meiſten noch
in das Gebirge, ſo daß viele Winterdörfer dann ganz verlaſſen ſtehen.
Die jährlichen Wanderungen bergwärts und thalwärts geſchehen
ſtets ſehr langſam und ſtationenweiſe, das ſicherſte Mittel, um
Klimakrankheiten zu verhüten, und im Unterlande wird niemand,
dem ſeine Geſundheit lieb iſt, Nachts im Freien ſchlafen, wenn er
irgend ein Obdach aufzutreiben im Stande iſt.

§ 14.
Vegetation.

Wären nicht ſchon auf den vorhergehenden Seiten dieſer Skizze
Andeutungen über die Natur von Talyſch gefallen, ſo würde man
wohl aus dem eben behandelten Abſchnitte über das Klima vermuthen können, daß die wilde Vegetation von Talyſch hauptſächlich
aus dicht belaubtem Urwald (ohne alles Nadelholz) beſteht. Der
ſchmale Küſtenſtrich ſowohl, als das ſteilanſtrebende Gebirge ſind
bis zur Kammhöhe mit dichtem, üppigen Laubwalde bedeckt, und
nur die letztere zeigt im Frühlinge bis Sommersanfang eine ſaftige
Vegetation von niedrigeren Alpenkräutern, während das Tiefland an
der See im zeitigen Frühjahre oder wann im Winter der heiße,
trockene Wind zeitweilig weht, eine der mitteldeutſchen etwa ent-
ſprechende kleine Flora kurze Zeit erblühen läßt. Da es nicht in
meiner Abſicht liegen kann, hier eine wenn auch nur annähernd
vollſtändige Aufzählung dieſer kleinen Pflanzenformen zu geben,
welche der bald gebildete Schatten des dicken Laubwaldes und das
undurchdringliche Unterholz mit ſeinen Sumpfwäſſern jählings
erſticken, ſo genüge es, nur einige der nutzbaren oder bei uns be-
kannteren Pflänzchen zu erwähnen, welche ſich unten und oben finden,
wie die würzige Walderdbeere (Fragaria vesca L.), welche ſich
meiſtens an den Berglehnen vorfindet und von den Eingeborenen
nicht gegeſſen wird, Vergißmeinnichtarten, Arten von Veronica und
Trifolium, außerordentlich häufig und oben namentlich prachtvoll kräftig
entwickelt Cokchicum autumnale L., ferner Orchideen, Jrideen,
Primeln, wohlriechende blaue und weiße Veilchen, Chamillen, Por-

tulat, Achilleen, Artemisien, Münzen, Rubiaceen, Umbelliferen; Grä-
ser u. s. w. Die wilde Vegetation des Waldes zeigt Eichen (meist
Quercus castaneaefolia C. A. Mey), Erlen, Eschen, Ulmen,
Hainbuchen, Mispeln und Granatenbüsche, Apfel-, Birn-, Kirsch-,
Quitten-, Feigen- und Buchbäume, hin und wieder Ahorn-, Wallnuß-
und Akazienbäume (Acacia Julibrissin Willd., eigentlich richtiger:
Gulibrischim [persisches Wort] = Seidenblume), Prunus Padus L.;
Prunus Laurocerasus L. und Platanus orientalis L.
Cornus sanguinea L., von welcher die starken Kyhlagabsch (Roth-
baum) genannten Stöcke geschnitten werden, Rhamnus catharticus L.;
sowie Arten von Crataegus und Evonymus sind ziemlich häufig.
Ferner trifft man oft Parrotia persica C. A. Mey, Gleditschia
caspica Desf., Pterocarya caucasica Kunth., die starke, aber
schlanke Zelcowa crenata Spach. mit steinhartem, gelben Holze
und dunkler Rinde, welche kein Klettergewächs an sich duldet und
deshalb im Persischen Asad (frei) heißt, sowie den dort Erba genannten hübschen Baum Diospyros Lotus L., aus dessen zahlreichen Früchten man daselbst ein dickes, süßliches, hinterher herb
schmeckendes Mus (Duschab) kocht, welches zu Zeiten der Wein-
traubenkrankheit (die 1857 herrschte) die Stelle des eingedickten
Mostes vertritt. Mannsstarke Weinreben klettern an den mit Bart-
flechten behangenen dicken Stämmen empor und ranken von Zweig
zu Zweig, von Baum zu Baum. Kräftiger Efeu (Hedera Helix L.)
wurzelt bis zum Wipfel hoher Bäume und überzieht die ab-
gestorbenen oder wirr durch einander gestürzten Riesen des Urwaldes mit einer immergrünen Decke. Üppiges Unterholz aus Gra-
naten, Buchbaum, Ilex aquifolium L. und mächtigen Brombeer-
sträuchern, durchzogen von Smilax excelsa L. und von Hopfen-
pflanzen und umgeben von einer dichten Bormauer aus dem an
der ganzen kaspischen Südküste so verbreiteten Sambucus Ebulus L.,
zwischen der sich hohe Farnkräuter (besonders häufig Aspidium
filix mas et fem. L.) hervordrängen, bildet ein undurchdringliches,
stachliges Gewirr, welches die niedrige Vegetation bis auf die
schattenliebenden Moose und Pilze erstickt und an niedrigen Morästen
in Erlen- und Weidengebüsche, steife Binsen, strauchartige Artemisien
und hohe Schilfwaldungen übergeht, worin Sing- und andere
Vögel nisten, und worin mancherlei wilde Thiere des Waldes sicheres
Versteck suchen.

Unter den Culturpflanzen sind die hauptsächlichsten Reis und
im Süden die Maulbeerbäume, welche weniger der Früchte, als der
Seide wegen cultivirt werden. Die lichtgrünen Reißkupfe bedecken die vom Wald befreiten Theile des Unterlandes und ziehen
sich von der Meeres- oder Murdabküste bis zum Fuße des Elbursgebirges. Gerste und Weizen werden weit mehr im Ober- als im

Unterlande gebaut. Apritofen, Pflaumen, Waffer- und Zucker-
melonen, Gurten, Zwiebeln, namentlich Knoblauch, große Rettige
und einige andere Küchengewächfe bilden den Reft der Landescultur,
welcher fich im Süden noch füße Limonen und faure Orangen
anreihen. Ziergärten kennt man in dem Urwalde nicht. Hier und
da fpielt der Wind mit einer fchlanten Gartenmalve, die fich felbft
ausgefät hat, und einzelne riefige Sonnenrofen neigen ihre großen
gedantenlofen Häupter über verfallende Lehmmauern oder natürliche
Hecken. Nur in der ruffifchen Feftung Lenteran, hinter welcher
nördlich auch, wie fchon oben angedeutet, der Waldcharatter der
Vegetation immer mehr zurücttritt und der Cultur europäifcher
Feldfrüchte und Gartengemüfe weicht, nur dort trifft man vor jedem
Häuschen ein Blumengärtchen, deffen Holzeinfriebigung von breiten
und hohen Rofenfträuchern überragt wird, deren zahlreiche Purpur-
tnöspchen von den warmen Strahlen der December- oder März-
fonne felbft unter der weißen, bünnen Schneedecke hervorgelockt
werden.

§ 16.
Thierwelt.

Der Wafferfülle und der Ueppigteit der Vegetation von Talysch
entfpricht deffen Reichthum an wilden Thieren, die der Wald in
feinen Bergfchluchten, Sümpfen und Flüffen birgt und ernährt. Wie
auch anderwärts an der Südtüfte des tafpifchen Meeres find es die faft
allabendlich zu Hunderten zugleich heulenden Schatale und die das
weiche Erdreich allnächtlich aufwühlenden und die Reisfelder plün-
dernden wilden Schweine, welche am zahlreichften unter den wilden
Vierfüßlern vertreten find. Schade, daß diefe von den Muhammedanern
für unrein gehaltenen Thiere im Lande keinen Verbrauch finden
tönnen und ihre erfchoffenen Leiber den Aasgeiern, Seeadlern und
den zahlreichen Krähen zur Azung dienen, wie den vierfüßigen Raub-
thieren des Waldes, als da find die eben erwähnten Schatale, ferner
geftreifte Hyänen, wilde Katzen, Luchfe, Panther und der tönigliche
Tiger, der faft mehr noch, als im Süden, im Norden, zwifchen
Aftara und Lenteran in ruffifch Talysch, fein Unwefen treibt, welches allerdings äußerft felten, ja faft nie dem Menfchen gefährlich
wird, weil fich unter den Wald- und Hausthieren für ihn in Ueber-
fluß faftigere Nahrung vorfindet, als er an einem dürren, blut-
lofen Perfer ausfindig machen tönnte. Darum greifen Tiger und
Panther wohl nur dann den Menfchen an, wenn fie von ihm ge-
reizt oder gar verwundet werden. Selbft wann in ftrengen Wintern Hunger und Froft fie Nachts bis in die Nähe bewohnter
Stätten treiben, find fie nicht befonders gefährlich, weil fie dann matt,

kraft- und muthloser geworden sind. Dennoch wagen die einheimischen Jäger sie nicht anders zu schießen, als vom sicherften Versteck, von Bäumen aus, und tödten so jährlich eine ziemliche Anzahl derselben. Sehr häufig ist auch das Wildpret: Rehe, Hirsche, Damwild, Antilopen, Gasellen, und im Hochgebirge leben wilde Ziegen und Steinböcke neben verhältnismäßig wenigen Bären. Noch seltener und mehr jenseits des Hochgebirgskammes trifft man auf Wölfe und Füchse. Dagegen sind Stachelschweine im Unterlande, Igel und Marder daselbst und im Oberlande sehr verbreitet. Singvögel, mit Ausnahme der Frühjahrs namentlich bei Bitam in Schandermin häufig schlagenden Nachtigallen (Bulbul) und der in dem südlicheren Küstenstriche zur Winterszeit singenden Stare, sind verhältnismäßig seltener zu hören, als das unendlich zahlreiche Wasser-, Wald- und Berggeflügel, dessen specielle Nennung uns hier zu weit abführen würde, zu essen ist. Nur beiläufig sei erwähnt, daß Fasanen, Schnepfen und wilde Enten außerordentlich zahlreich geschossen, mehr noch gefangen werden, die letzteren an der kaspischen Seeküste auf eine eigenthümliche, dort ganz öffentliche, wenn auch rohe, so doch sehr sinnreiche Art, welche das Vorbild der einst im Jahrgange 1857 der leipziger Gartenlaube unter dem Titel „die geheimnisvollen englischen Lockteiche" ausführlich beschriebenen Fangweise vielleicht gewesen sein kann, denn sie stimmt im Wesentlichen völlig mit ihr überein. Ist der Fischfang auch nicht so reich wie die Jagd, so ist er doch in den Seemündungen der Flüsse ergiebig genug, um mindestens den Bedarf des Landes zu decken, und die Kyhlala (Forellen) des oberen Kerganrud, sowie die ziemlich häufigen Asabmahi (Seelachse) der Mündungen sind dort eben so geschätzt, wie bei uns, wenngleich viel billiger. Aehnlich, wie den wilden Schweinen, ergeht es leider auch den in den Netzen mitgefangenen zahlreichen Knorpelfischen, denn da sie nach dem religiösen Gesetze der Schie ebenfalls für unrein gehalten werden, so sind die Fischer gezwungen, sie ohne weitere directe Berührung wieder in das Wasser zurück zuwerfen, wenn sie nicht so glücklich sind, sie einem vorüberziehenden Christen, sei es Armenier oder Russe, aufzubürden, der, wenn er das religiöse Gesetz der Schie kennt, Mengen solcher Fische dann zu wahren Spottpreisen kaufen kann. Wie leicht und gut könnte sich eine christliche Bevölkerung in diesem Lande nähren! — Die russischen Soldaten in Lenkeran haben das bereits begriffen und seit Jahren einen kleinen, aber einträglichen Handel mit Speck und Schinken begonnen, und mindern zugleich durch ihre Jagden auf die Schwenke die gefährlichsten Feinde der dortigen Reisfelder. Andererseits ist es aber auch aufmerksamen Europäern nicht entgangen, daß in jenen heißen Ländern der Genuß so nahrhafter und fetter Nahrungsmittel, wie Knorpelfische und Schweinefleisch, nur für

Winter unbedenklich fällt. In den zahlreichen, im Sommer von Millionen aller Arten Moskitos umschwärmten Gewässern findet man außer Roßegeln zahlreiche Blutegel, welche früher auch nach Frankreich verführt wurden, und an denselben Massen von großen Schildkröten, Fröschen, Krabben, Bullfröschen und großen, aber für nicht giftig gehaltenen Schlangen. Eidechsen, Flöhe, Fliegen, Wespen und Bienen bilden gewissermaßen den Uebergang zu den Hausthieren, denn wenn auch der meiste Honig, worunter manchmal auch giftiger mit vorkommt, von wilden Bienen gewonnen wird, so findet man doch hin und wieder rohe Bienenkörbe in den Dörfern des Unterlandes.

Von sonstigen Haus- oder Zuchtthieren sind die Pferde, die ja überhaupt im Orient zu den wichtigsten Thieren gehören, auch hier wohl ihrer Menge nach nennenswerth, keineswegs aber ihrer Qualität nach, denn sie gehören der schlechtesten Rasse der Jabu von ganz Nordperſien, soweit ich es kenne, an. Diese kleinen, zottigen, meist dunkelgefärbten, mageren Pferde, welche in ruſſiſch Talyſch noch schlechter werden, besitzen bei mittelmäßiger Behendigkeit nur eine geringe Ausdauer, was zum Theile auch mit in ihrer so ungenügenden Nahrung liegen mag, die fast das ganze Jahr hindurch in mitunter ziemlich magerem Grase besteht, welches sie sich obendrein selbst aufsuchen müſſen. Nur in außerordentlichen Fällen erhalten sie eine geringe Menge unenthülſten Reiſes (Schali) dazu, und in harten Wintern, wenn die Gräserchen zeitweilig fast ganz verschwinden, füttert man sie mit dürrem Reisstroh statt des Grases. Manche große Grundbesitzer führen freilich auch gute Raſſepferde von Tehran und Tebris her in ihre Marställe ein; sie bilden aber nur die seltenen Ausnahmen, und die Karwanenpferde zwischen Enſeli und Lenkoran gehören meistentheils nach Ardebil. Das Jabu oder gewöhnliche Arbeitspferd von Talyſch aber hält keinen Vergleich aus mit seinem ursprünglich auch kräftigeren Nachbar in dem benachbarten Sumpfwaldlande Gilan, wo man allerdings schon durch die entsetzlichen Wege genöthigt ist, die Pferde mit Gerste oder doch wenigstens mit unenthülſtem Reis, außer dem Grase, zu nähren. So wie den armen Pferden in Talyſch, ergeht es auch dem dortigen Buckelrindvieh, welches, da sein Fleisch, wie überall im Orient das Rindfleisch, nicht geschätzt ist, nur zu Feldarbeit oder zu Erzeugung von Milch, Butter und Käse, nebenbei auch mit zu Stiergefechten gehalten wird und sein Futter stets selbst im Walde oder auf der Wiese suchen muß, und den Büffeln, welche letztere dennoch eine außerordentlich fette Milch liefern. Die Aristokraten unter den dort gezüchteten Vierfüßlern sind nun aber die Schafe, welche im Winter sich zwar auch mit dem kärglichen Futter des Unterlandes begnügen müſſen, vom Frühjahre an aber bis in den finkenden Herbst auf den

saftigsten Hochtriften weiden. Sie bilden den Hauptreichthum des
Landes, denn von ihnen gewinnt man Wolle, Hörner, Felle, das
im Orient mit Recht geschätzteste — weil mit der reinsten Luft, dem
reinsten Wasser und den würzigsten und nahrhaftesten Alpenkräutern
genährte — saftige Fleisch, den unumgänglichen Fettschwanz, den fast
alle Schafe (Ovis tatarica) der kaspischen Seeküste tragen, die
fette Milch, Butter und Käse, welche zugleich Exportgegenstände
bilden. Das Schaf giebt den Hauptreichthum des Il (Nomade)
und minder furchtsam, als im Abendlande, ergötzen starke Hämmel
ihre Herren durch gelegentliches Schädelbogen. Nach ihm kommt
des Schafes treue Gefährtin, die Ziege, die jedoch mehr Haare, als
Milch lassen muß, denn auch diese werden verarbeitet oder exportirt,
während das Fleisch wenig, die Milch aber, außer zu Behandlung
von Kranken, wobei die persischen, sogenannten Aerzte viel auf die
Farbe der Ziege halten, gar nicht geschätzt ist. Große, böse Nomaden-
hunde vervollständigen den Haushalt, wenn man es so nennen darf,
der Ilat (Nomaden) und einige Hühner, unter denen mitunter
berater Rasse, für die nothwendigen Eier oder zur festlichen Ver-
herrlichung des nationalen Reisgerichtes (Pilaw und Tschilaw) vervollkommnen ihn. Seltener sucht eine naschige Katze ihren Antheil
an solchen Feiertagsbissen und dann gehört sie gewöhnlich schon
einem wohlhabenderen Manne, der sie sich von Isfahan hat kommen
lassen und ist dann eine weiße oder graue langhaarige (Wan-)
Katze, keine gemeine Hauskatze mehr, die man zum Vertilgen der als
Mäuse und Ratten zahlreich mitauftretenden Genossen des Winter-
hauses besonders nöthig hätte; denn die Perser halten nur wenige
Vorräthe von täglichen Lebensmitteln im Hause, die Ilat aber so
gut wie keine, und wenn diese statt von ihnen von Nagern vertilgt
werden sollten, so ist es eben Kismet (Verhängnis). —

§ 16.
Bevölkerung.

So denkt der Talyschi, oder so glaubt er vielmehr, denn zum
Denken gelangt er selten und wenn auch das religiöse Dogma der
Islamsecte der Schïe das Kismet (Verhängnis) als unabänderliches
eigentlich nicht anerkennt, so ist es doch so in das Fleisch und Blut
nicht nur aller Muhammedaner, seien es Sunni oder Schïe, sondern
auch der Mehrzahl andersgläubiger Orientalen übergegangen, daß
sich eben daraus sowohl die stille Ergebung der Orientalen in das
Unvermeidliche erklärt, als auch ihr Stillstand oder relativer Rück-
schritt den Nationen des Abendlandes gegenüber. Die Ilat von
Talysch machen so wenig eine Ausnahme davon, als die dortigen
Ackerbauer, und warum sollten sie auch, da sie dabei nach ihrer Art

glücklich werden und sein können. Zudem erfordert das Kismet von seinen Anhängern keinen Willen und keinen Geist, und das alles paßt zu den despotischen Regierungsformen und zu den patriarchalischen Verhältnissen des Orients überhaupt. In Talysch sind die letzteren außerordentlich entwickelt. Im Vergleich zu den übrigen Geschöpfen ist der Herr der Schöpfung in Talysch auch am übelsten weggekommen. An Menge sowohl, als an Entwickelung von Körper- und Geisteskräften steht er manchen Thieren des dortigen Waldes nach. Die Talyschi, der kaukasischen Menschenrasse angehörig, sind ein Mischvolk, in welchem sich die Charaktere der medischen und osttürkischen Völkerschaften vermengt haben, so daß die Grundtypen nur noch in einzelnen Individuen auftreten. Im Allgemeinen sind sie von mittler Größe, oft kleine, selten nur große Gestalten. Die Männer, von untersetztem Bau, besitzen eine bräunlichgelbliche, nur nach längerem Aufenthalte in der reineren Bergluft etwas lebhafter werdende Gesichtsfarbe, dunkles Haar, welches nach muhammedanischer Art geschoren ist, und dunkele Bärte, welche weniger entwickelt sind, als bei den meisten anderen Persern, und auch weniger von ihnen gepflegt werden. Die Nase ist oft gebogen und die Augen sind meist von dunkler Farbe, doch trifft man auch öfter hier, als anderwärts in Persien, bläuliche und graue Augen, die vermuthlich theilweise aus der Vermischung mit russischen Deserteurs (Kasaken und Polen namentlich) herrühren, welche sich dort oft versteckt halten und äußerlich wenigstens Muhammedaner geworden sind. Die Talyschi sind etwas kräftiger, als ihre mageren, schwachen gilaner Nachbarn, aber minder behend, als sie, thätiger, als jene, eben so unwissend und abergläubisch, fast eben so falsch und noch mißtrauischer und argwöhnischer, als jene, dabei ziemlich grob und viel roher, zeigen aber mehr Muth, worin sie jedoch den Schahseven noch nachstehen. Diese sind ein kräftiges, rohes, raubsüchtiges Nomadenvolk, welches sich im Sommer auf den Weiden des talyscher Elbursgebirges von Chalchal an bis über Ardebil hinaus aufhält, während des Winters aber in der wärmeren russischen Mogansteppe seine zeitweiligen Wohnsitze aufschlägt. Ein Theil davon ist auch schon in Dörfern zwischen Ardebil und dem Elbursgebirge halb seßhaft geworden. Die Frauen in Talysch sind meist unter der Mittelgröße, regelmäßig gebaut, haben dunkele Augen, schwarze Haare, weiße Zähne, kleine Hände und Füße und wohlgeformten Mund. Nase und Büste sind oft griechisch und helle Hautfarbe findet sich unter ihnen verhältnismäßig häufiger. Sie sind lebhafter und beim Mangel aller Schulbildung besitzen sie mehr natürlichen Verstand, als der männliche Theil der Bevölkerung. Mit großer Gewandtheit der Bewegungen verbinden sie eine außerordentliche natürliche Anmuth. Die schönsten und graziösesten Frauen und Mädchen in ganz Nordpersien habe ich in

Kerganrud Talysch gefunden, besonders in Kalahbin, Numenban und Umgegend. Der Unterschied zwischen diesen lieblichen Bergwaldnymfen und ihren Schwestern unter den nomadischen Schahsewen auf dem trocknen Hochgebirge ist groß. Wenn man auch mitunter nicht üblen Gesichtern auf diesen hohen, martigen Figuren begegnet, so erinnern sie doch schon mehr an die Frauen der kurdischen und osttürkischen Nomaden, wiewohl, außer dem dunklen Haare, auch das dunkle große Auge unter ihnen mehr vertreten ist, als unter diesen. Die Frauen der Schahsewen gehen gänzlich unverhüllt einher und auch die eigentlichen Talyschfrauen, mit Ausnahme der strenger gehaltenen Frauen der Großen, verhüllen sich nur vor ganz fremden Personen und auch dann bedecken sie nur ihr Gesicht unvollständig. Ueber den Anzug, das häusliche und gesellige Leben und die Sitten der Frauen, die Erziehung der Kinder, welche im Allgemeinen nicht so fein und schön geformt sind, als die gilaner Kinder, u. s. w. verweise ich übrigens die dafür etwa sich Interessirenden auf die bezüglichen Stellen in meinem Aufsatze „Haram und Harem", welcher ansführlich in der berliner Zeitschrift für allgemeine Erdkunde von Dr. W. Koner 1864 (Neue Folge. Bd. XVII, XI., S. 375 bis mit 390. XIII. S. 409 bis mit 434) abgedruckt worden ist, bruchstückweise im stuttgarter Ausland (1864, Nr. 62, 1865 Nr. 5), protokollarisch im ersten Jahresbericht des Vereins für Erdkunde zu Dresden 1865, S. 13 bis mit 16. Die Kleidung des männlichen Theiles der Talyschi ist im Unterlande im Sommer von der der Laubbevölkerung in Gilan nur wenig abweichend, im Winter und im Oberlande nähert sie sich der der aserbaïdschaner Bauern und Nomaden. Hauptsächlich werden im Lande selbst erzeugte rohe Woll- und Filzstoffe verwendet. Die schwarze Lammsellmütze dagegen trägt der Talyschi minder hoch, als der Gilaner, und ähnelt darin schon den nördlichen russischen Tataren von Talysch, deren Feiertagstracht sich der von Schirwan in Transkaukasien nähert. Sandalen, selbst Stiefel, sieht man häufiger, als die hohen persischen Pantoffeln. Die Tracht der Miliz einiger Talyschchanate ähnelt der tscherkessischen und ist, wie diese, sehr kleidsam und praktisch. Die Waffen sind die anderwärts in Persien gebräuchlichen, die Flinte mit Feuerschloß, mitunter mit einer Gabel zum festen Auflegen auf dem Anstande, und das doppelschneidige, gerade, starke kaukasische Dolchmesser, Kama.

Die Wohnungen sind im Unterlande den von Gilan ähnlich, nur fehlt ihnen meist der Rauchfang und sie sind weniger reinlich und auch unbequemer, als die von Gilan. Die Veranda findet sich an den meisten und das mit Reißstroh gedeckte, spitze Dach fehlt keinem Hause. Die Wohnungen des Oberlandes, wenn sie nicht in zeitweiligen Filzzelten oder Zweighütten bestehen, ähneln dagegen schon mehr denen des aserbaïdschaner Hochplateau mit ihren flachen

Lehmdächern. Holzhütten sind, wie in anderen Gebirgsgegenden, häufig und beginnen schon am kaspischen Meeresufer, wo sie hauptsächlich den Hirten zum Winteraufenthalte dienen. Die Nahrung ist wenig verschieden von der des Nachbarlandes Gilan. Reis als Tschilaw oder Pilaw bildet das Hauptgericht, welches mit gesalzenen, auf Holzkohlen gerösteten Fischen im Unterlande, mit trockenen Hülsenfrüchten, oder Schaffleisch im Oberlande genossen wird. Auch Hühner, Eier und verschiedentliche Saucen giebt man bei den Reicheren dazu. Grüne Gemüse werden hier reichlicher genossen, als in Gilan, und Brod vertritt im Oberlande besonders meist die Stelle des Reises (Tschilaw). Früchte, namentlich Melonen aller Arten, und Weintrauben, sowie Honig und Käse werden sehr geliebt. Zum Trinken giebt es klares Gebirgswasser, gute süße und saure Milch. Die Nomaden leben, wie die Alpensennen, hauptsächlich von den Producten ihrer Schafe, mit Zusatz von etwas flachem Brode, Salz und grünen Bergkräutern. Die Großen und ihre nächste Dienerschaft, ja auch ihre Frauen, verschmähen Wein und Branntwein nicht und machen, unähnlich den frömmelnden, lasterhaften Gilanern, kein Geheimniß daraus. Das Tabakrauchen ist eben so verbreitet, wie anderwärts im Orient, und beschränkt sich nicht allein auf die persische Wasserpfeife (Galian), sondern es geschieht auch durch das Tschibuk, dessen Thon- oder Silberkopf mit pulverigem, persischen Tabak von Urumia oder von Chalchal gefüllt wird. Dagegen ist der Opiumgenuß nur auf wenige alte Personen männlichen Geschlechtes im Unterlande beschränkt.

Ihren Ursprung leiten die Talyschi von Dschehangir (Tschengis) Cham her. Sie mögen ursprünglich von tatarischem Herkommen sein, haben sich aber im Laufe der Zeiten mit den eingebornen medischen Gilanern, die meist im Unterlande seßhaft bleiben, mit Grusiern und Armeniern, Kurden und Zigeunern theilweise vermischt, in neueren Zeiten auch noch, wie schon oben erwähnt wurde, mit Kasaken und Polen. Vielleicht hat eine Vermischung mit Russen schon stattgefunden zur Zeit der Besetzung des Unterlandes der ganzen kaspischen Südküste durch dieselben von 1722—1731. Die Talyschi sprechen ein in den verschiedenen Chanaten wenig abweichendes Idiom der alten persischen Pehlwisprache, die Talyschsprache, in die aber viele tatarische (osttürkische) Ausdrücke mit aufgenommen sind. Außerdem verstehen sie, bis etwa auf die Kinder und einzelne Frauen, alle tatarisch, selten aber persisch. Die Schahseven aber kennen außer der tatarischen (osttürkischen) keine andere Sprache. Daß in russisch Talysch natürlich auch die russische Sprache, selten jedoch von den Tataren, sowie hin und wieder einige andere europäische Sprachen mit gesprochen werden, versteht sich wohl von selbst. Einige Lieder und Märchen werden nur als mündliche Ueberlieferungen fortgepflanzt. Eine Literatur giebt es nicht und überhaupt habe ich nie gesehen noch gehört, daß die Talyschsprache geschrieben werde. Persisch ist Schriftsprache. Der 1862 in Tiflis leider zu früh für die Wissenschaft und seine Freunde verstorbene Herr Paul Riss war, meines Wissens, der einzige Gelehrte, welcher sich mit der Talyschsprache beschäftigt hat. Während eines mehrwöchigen Aufenthaltes in Lenkoran in den fünfziger Jahren hat er einen kurzen grammatikalischen Grundriß des dort gesprochenen Idioms, in russischer Sprache, verfaßt und ihn (in Tiflis?) drucken lassen. Mir ist daraus nur noch erinnerlich, daß das Talyschwort für „Frau", welches im Neupersischen „sen" heißt, „schena" (mit weichem sch) ist, welches Wort mit dem gleichbedeutenden im Russischen sowohl als auch mit dem gleichbedeutenden in der ebenfalls vom Pehlwi noch übrigen Sprache der Bewohner des Gebirges von Ratens bei Raschan in Persien ganz gleich lautet. Ich vermuthe, daß die östlichen Eindringlinge, indem sie die Ureinwohner, die mit den Ellemerd des Nachbarlandes identisch gewesen sein dürften, unterjochten und sich mit ihren Frauen vermischten, deren Sprache angenommen und durch tatarische Ausdrücke hin und wieder modificirt haben. Ob die Ausdrücke „Talysch" und „Talyschi" etwa „Hochland" und „Hochländer", oder ob sie etwas anderes bedeuten, habe ich nie erfahren können. Nur einmal, als ich mich verwunderte, daß die Bewohner des südöstlichen gilaner Gebirgsgaus Rahmetabad von ihrer Sprache als von einer Talyschsprache (Taleschsprache) redeten und sich selbst auch hin und wieder Talyschi (Taleschi) nannten, wurde mir die vage Antwort, es sei dies die „Gebirgssprache". Auch die wenigen, noch erhaltenen Alterthümer des Landes, welche neuerer Zeit angehören, geben keine Auskunft über die frühere Geschichte dieses Landes. Ich habe dieselben im 16. Bande der Zeitschrift der deutschen morgenländischen Gesellschaft (Leipzig, 1862, Seite 530) unter anderen nordpersischen Alterthümern mit aufgeführt. Es sind die dort unter 33, 34 und 36 angeführten Festungsreste bei Kalahbin in Kerganrud Talysch, über dem rechten Ufer des Astaraflusses in persisch Astara und bei dem Tatarendorfe Tschacherli in russisch Talysch, welche letzteren beiden russischen Ursprungs zu sein scheinen. Wenigstens schreibt Jonas Hanway in dem ersten Theile seines historical account of the british trade over the caspian sea, London, 1754, I., S. 269, in dem Reisetagebuche der kaiserlich russischen Gesandtschaft nach Persien 1746 und 1747, unmittelbar nach dem Passiren des Flusses Astara von Norden nach Süden Folgendes: „On the hills to the westward are the remains of a fortification built by the Russians." Ich muß aber hier meinem obigen Kataloge von Alterthümern noch die Bemerkung hinzufügen, daß 1858 (oder 1859?) in der Gegend von Schahagadschi zwischen Astara und Lenkeran in ruſſiſch Talyſch durch das ſtarke Zerfreſſen und Auswaſchen der dortigen Küſte durch das kaſpiſche Meer (vergl. oben § 11 unter 50, S. 24) eine ziemliche Anzahl alter (Schirwan-?) Münzen zum Vorſchein kamen, welche, wenn ich nicht irre, in die reichhaltige Sammlung des berühmten Münzkenners und kaiſerlich ruſſiſchen Ingenieurgenerals von Bartholomäi in Tiflis übergegangen ſind. Was rohe Raubgier, religiöſer Fanatismus oder auch orientaliſche Indolenz an Alterthümern etwa noch übrig gelaſſen haben mochten, das hat das ſchnell zerſetzende, feuchtheiße Seeklima vollends zerſtört, ſo daß Talyſch, wie die ſüdlichen kaſpiſchen Küſtenprovinzen, an älteren Alterthümern außerordentlich arm erſcheint.

Zugeben muß man jedoch, daß die Muhammedaner von Talyſch, welche etwa zur größeren Hälfte ſich zu der großen Secte der Sunni, zur kleineren zu derjenigen der Schïe bekennen, im Allgemeinen auf beiden Seiten religiöſen Fanatismus gegen Nichtmuhammedaner wenig und ſelten zur Schau tragen, außer etwa hinſichtlich des Harem, wenn auch die beiden Secten nicht immer friedlich neben oder unter einander leben. Ein Hauptgrund liegt wohl darin, daß die Gebieter der verſchiedenen Diſtricte, um leichter über die religiös gemiſchten Bevölkerungen herrſchen zu können, nur wenige Pfaffen dort dulden. Der Unterſchied in dieſer Hinſicht zwiſchen Talyſch und dem reichen Nachbarlande Gilan, wo Pfaffen, Seïde und Derwiſche rudelweiſe ſich von der Bornirtheit der dortigen Einwohner mäſten, iſt auffallend. Von Bethäuſern (Mesdſched) und Wallfahrtsorten (Imamſabe) ſieht man nur ſehr wenige in Talyſch, freilich auch faſt keine Volksſchulen, ſogenannte Gelehrtenſchulen aber keine einzige. — Bildung wird wohl übrigens niemand in einem Lande ſuchen, in welchem die Hauptbeſchäftigung der Bewohner in der Biehzucht beſteht, über welche ſchon oben § 16 unter den Haus- und Zuchtthieren, S. 36 und 37, berichtet worden iſt und deren Producte, größtentheils von Schafen, ſehr viel nach Rußland (Transkaukaſien und Aſtrachan) gehen. Die Ausbeutung geſchieht großentheils durch die auch anderwärts in Perſien häufigen Galyſch (τὸ γάλα, die Milch), d. i. Sennen. Acker- und Gemüſebau, von welchen ebenfalls ſchon oben § 14 unter den Culturpflanzen, S. 33 und 34, die Rede geweſen iſt, werden im Allgemeinen nur in ſo weit getrieben, als nöthig iſt, um den eigenen Bedarf zu decken, und im Gegenſatze zu den übrigen Theilen Perſiens wird der großkörnige Reis hier dem kleinkörnigen, nach Mäuſen riechenden, Amberbuÿ, von den Talyſchi vorgezogen und daher weit mehr gebaut, als dieſer. Der Seidenbau aber lohnt nur im Süden, wo die Rohſeide des Unterlandes von Maſal und Schandermin der guten gilaner von Gesger faſt gleichkommt und die ziemlich gute

Rohseide von Talyschdulab, zusammen mit der aus dem Gilanbezirke Abkenar, nach Rescht und Enseli verkauft wird, um von dort meist nach Europa zu gehen. Die nördlichere Talyschseide dagegen steht noch unter der masanderauer und wird fast nur im Lande selbst verarbeitet. Deshalb nimmt auch der Seidebau im Norden ab und der Reis-, Gerste- und Weizenbau nimmt daselbst zu. Auch Jagd- und Fischfang (vergl. ebenfalls oben § 15, S. 35) werden fast nur für eigenen Bedarf betrieben, höchstens ist der Handel mit den Producten des letzteren nur ein Binnenhandel zwischen den einzelnen Chanaten; denn nach Rußland kann Talysch in dieser Hinsicht mit Gilan keineswegs concurriren; auf dem West-abhange des Elbursgebirges aber hat man kein Verständnis für Fische. Die Producte der Jagd werden entweder gegessen oder den wilden Thieren des Waldes und den Raubvögeln zum Fraße über-lassen. Die Felle handeln Armenier für Spottpreise nach Rescht und Rußland ein, da der gewerbmäßige Handel damit von den schiitischen Muhammedanern für haram (verboten) gehalten wird.

Ebenso besteht die geringe Industrie des Landes nur in Hausindustrie und wird größtentheils von den Frauen gehandhabt. Der Talyschi, zumal der Il, hat nur wenige Bedürfnisse, die er sich selbst verschafft, und fühlt sich nicht sehr genöthigt, dieselben durch Handel zu erweitern oder zu vervollkommnen. Seine Filze und groben Teppiche, seine groben Wollstoffe zur Winterkleidung und bunten wollenen Socken verfertigen die Frauen der Ilat, die sie hin-wiederum gegen Erzeugnisse des Ackerbaues an ihre Nachbarn ver-tauschen. Die baumwollenen Stoffe für den Sommer liefern Isfahan und England, hin und wieder auch Rußland, die Seidestoffe Kaschan, den Reicheren auch Jesd und Kirman, von wo man auch gute Schale bezieht, rohes und verarbeitetes Eisen, sowie Glas, Steingut und Reft (rohes Erdöl zur Lampenbeleuchtung) Rußland; Kupfer Ost-persien. Alle diese Artikel, ingleichen Kaffee, Zucker von Europa, chinesischer schwarzer Thee, Arznei- und Farbewaaren von Persien und Europa, werden entweder von Ardebil und Tebris, oder von Enseli und Rescht bezogen, sowie auch der Export von Producten der Milchwirthschaft größtentheils über diese Märkte geht, zum Theile auch direct über die russische Grenze bei Astara; denn im Küsten-gebiete von Talysch giebt es keine Häfen und in der ganzen Land-schaft nur einige unbedeutende Basare, so in Masal, in Talysch-dulab, in Kergaurud (Alalan) und das Hauptbasar in persisch Astara an der Grenze, dessen lohnendster Verkehr freilich im Schmuggel-handel besteht. Der auf die Hebung seines Gebietes eifrig bedachte Farrudschullah Chan hatte zu Anfange der fünfziger Jahre ein Basar dicht an der kaspischen Seeküste, wie deren vortheilhaft in Masanderan bestehen, in seinem Gebiete zwischen den Flüssen

Kelfarud und Kerganrud roh herrichten laffen. Als aber dasfelbe in Aufnahme zu kommen begann, mengte sich der Gouverneur von Gilan, Amir Arslan Chan Medschebdowleh, ein mütterlicher Oheim des jetzigen Schah, hinein, erhob allerhand Schwierigkeiten, weil er auch seinen Profit daran ziehen wollte, und so verfiel der Markt, an dem Farrudschullah Chan nun keine Freude mehr haben konnte, so schnell, daß im Jahre 1861 schon keine Spur mehr davon sichtbar war. An den Seemündungen einiger Gebirgsflüsse stehen einzelne rohe Hütten für den Handel mit Reft, welches kleine persische Küstenfahrer, die großentheils in persisch Astara zu Hause sind, von Baku (am kaspischen Meere) bringen, während sie dahin von Talysch aus ziemlich viel Brennholz verführen. Wie von Seiten Rußlands ein oft eingeschärftes Verbot der Ausfuhr von Bretern nach Persien besteht, so hat das persische Verbot der Ausfuhr von Seidenraupeneiern und Wallnußbaumholz, zeitweilig auch von Reis, auch für Talysch verbindliche Kraft, was nicht verhindert, daß dasselbe, namentlich bezüglich des Wallnußbaumholzes, oft umgangen wird.

§ 17.

Straßen und Verkehr.

Außer den schon oben § 12, S. 26 bis mit 29 erwähnten Querpässen im Elbursgebirge und außer den Localpfaden zur Verbindung der einzelnen Sommer- und Winterortschaften unter einander besteht noch eine für den Verkehr von Talysch ziemlich wichtige Gebirgsstraße, welche zwar nicht in Talysch selbst verläuft, sondern hauptsächlich in Aserbaidschan, aber als Verbindungsmittel zwischen den einzelnen Jailak von Talysch sowohl, als zwischen diesen und einigen Hauptorten des westlichen Abhanges des Elbursgebirges und jenseits desselben dient. An diesem westlichen, beziehendlich südwestlichen, kahlen, trockenen Abhange verläuft sie durch mehrere Längsthäler und über Bergsättel hinweg. Sie beginnt in Obergilan an der Vereinigung des Kyhylusen mit dem Schahrud bei Mendschil, von welchem Orte sie drei Farsak WSW. — W. am rechten Ufer des Kyhylusen sehr wenig aufwärts bis zu den ausgebreiteten Ruinen von Gorkalah im Gebirgsgau Tarum läuft, von wo sie sich dann auf dem linken Ufer des Kyhylusen von diesem ab mehr aufwärts und nördlicher wendet, um über Herro in Chalchal und in der Gegend von Binamar etwas nordwestlich nach Ardebil zu gehen. Andere Straßen und Pfade münden in sie ein, theils von der Talyschkette des Elbursgebirges her, theils von dem südlichen und westlichen Hochplateau aus, so bei Mendschil (außer der nördlichen Straße von Rescht her) die Straße von Tehran über Kaswin, weiter aufwärts und etwas nördlicher die directe Straße von Sengan nach Gilan und Talysch. In Herro kreuzt sie die directe Straße von Tebris (über Terk und Herro, dann über Masula und Fomen in Gilan) nach Rescht, sowie deren Abzweigungen von Herro über die Pässe des chalchaler Schahrud und der talyscher Gebirgsflüsse Chalekai, Schiwerud und Nowarud oder über Akewler (vergl. § 12 Pässe 7, 6, 5, 4, S. 27, 28, 29) nach Talysch und der kaspischen Seeküste, bei Binamar die Straße nach Akewler und bei Ardebil die zwischen Tebris und Astara (vergl. § 12, Pässe, 2, S. 27).

Ein Hauptverkehrs- und Handelsweg ist aber der zwischen Rescht, beziehenlich Enseli, in Gilan und Astara nach Lenkeran. Derselbe wird zu Pferde von Enseli aus gewöhnlich und am bequemsten so zurückgelegt, daß man sich auf der Landzunge über Beschm, Gulgah (mit kurzem Anhalten daselbst), Senketschin und Ketschelmahalle zunächst nach dem letzten gilaner Dorfe Kupurtschal, 3½ Farsak etwa westlich von Enseli zwischen dem großen Murdab und dem kaspischen Meere gelegen, begiebt, wo man bei dem Kedchuda Melik am Ende des Dorfes oder in demselben Gehöfte bei seinem ältesten Sohne Mirsa ~~Hasan~~ ein sehr gutes Unterkommen findet. Will man dort nicht absteigen, so reitet man in dem gleich dahinter beginnenden Talyschdulab etwa ½ Farsak in einer paradiesischen Gegend auf sandigem Untergrunde und dann längs des kaspischen Meeresufers, welches man von da ab bis hinter Lenkeran fast nicht mehr verläßt, mit Ueberschreitung der fünf ersten Küstenwässer noch ein Farsak weiter und hält das erste Nachtlager auf dem linken Ufer des Schiwerud in dem zu Mahalle Schaschtu gehörigen Hause des russischen Unterthans Ahmed, welches gleich hinter den ersten erhöhten Anfängen des Uferwaldes liegt, fünf Farsak WNW.—NW. von Enseli und etwas höher, als dieses (vergl. § 11, 5, S. 18). Am folgenden Tage reitet man an der kaspischen Seeküste durch die Chanate von Talyschdulab und Asalim nach Kerganrub Talysch, wo man, selbst wenn man mit Gepäck oder Waaren reist, das zweite Nachtquartier (9 Farsak von Kupurtschal, 7½ Farsak von der Mündung des Schiwerud) am passendsten in dem der Küste nahen Dorfe Lisar und zwar auf dem linken Ufer des gleichnamigen Flusses (vergl. § 11, 30, S. 21) bei dem Kedchuda Meschhedi Hasan nimmt. Das dritte Nachtquartier, 8½ Farsak von Lisar, würde in russisch Astara (vergl. § 11, 47, S. 24), wo man auf Empfehlung stets sehr gastfreundlich aufgenommen wird, stattfinden, so daß man die 5 Farsak von Astara entfernte russische Festung Lenkeran (vergl. § 11, 51, S. 25) folgenden Mittags erreichen würde, wenn man es nicht vorzieht, auf frischen Pferden noch in der Nacht weiter zu reiten, um etwa bei oder vor Anbruch des folgenden Morgens in Lenkeran einzutreffen, von wo aus man sich dann weiter in Transkaukasien der russischen Fahrposten bedienen kann, zu deren Benutzung es allerdings, wie in ganz Rußland, einer obrigkeitlichen schriftlichen Anweisung auf Postpferde bedarf. Für den Rückweg von Lenkeran nach Enseli empfehlen sich entweder dieselben Stationen, wobei man wohl thut, das letzte Nachtquartier, wegen etwaiger plötzlicher Anschwellungen des Schiwerud über Nacht u. s. w., auf seinem rechten Ufer bei Mirsa Mahmed Ali (vergl. § 11, 5, S. 18) oder in Kupurtschal bei dem Kedchuda Melik zu nehmen; oder man wählt die Stationen russisch Astara, Limir (vergl. § 11, 40, S. 22) in Talysch Kerganrud, 4 Farsak von Astara, Chaleseraï (vergl. § 11, 13, S. 19, 20) in Talysch Asalim, 9$\frac{1}{2}$ Farsak von Limir, und Enseli in Gilan, 7$\frac{1}{2}$ Farsak von Chaleseraï. Schlechte Pferde kann man bisweilen in Kupurtschal wechseln, sonst muß man wohl auch ein überzähliges Nachtlager ihretwegen daselbst halten, wenn man nicht zufällig Gelegenheit findet, die letzten 3$\frac{1}{2}$ Farsak von da bis Enseli und von da eventuell sogleich weiter nach Pirebasar (1 Farsak unterhalb Rescht), oder sofort direct von Kupurtschal nach Pirebasar (und später Rescht) in einem persischen Flachboote (Kirschim) auf dem Murdab von Enseli zu fahren. Bei der Saumseligkeit und Unzuverlässigkeit der persischen Schiffer gewinnt man jedoch selten etwas, von den dortigen Gewohnheiten abzuweichen, und das Wetter ist wohl auch dabei mit in Betracht zu ziehen. Praktischer würde sich eine solche Wasserfahrt umgekehrt von Rescht oder Enseli aus, wo man die Bestellung in Händen hat, nach Kupurtschal gestalten, um sie bei forcirten Märschen zwischen Rescht und Lenkeran mit zu benutzen. Auf letzteren, wenn sie auf dem gewöhnlichen Wege stattfinden, muß man stets die Pferde in russisch Astara wechseln und kein sehr schweres Gepäck mitführen; die Stationen wären dann Enseli, Schiwerud, Limir, russisch Astara, Lenkeran, und umgekehrt eben so. Noch mehr abkürzen läßt sich die Zeit, wenn man auf Pferdewechsel für den Nothfall sicher rechnen kann, was allerdings nur nach Bestellung durch einen Tags zuvor vorausgesandten Reiter oder Fußläufer möglich wäre, da persische Posthäuser an der kaspischen Seeküste noch nicht bestehen. Man reitet dann, jedoch nur mit leichtem Gepäck, vor Abend von Rescht nach Pirebasar, von wo man (im Kirschim schlafend) den Fluß hinab und über das Murdab von Enseli nach Kupurtschal fährt. Von dort reitet man am frühen Morgen auf guten Pferden aus nach Lisar und von da am folgenden Tage, mit Pferdewechsel in Astara, nach Lenkeran, welches man auf diese Weise in zweimal vierundzwanzig Stunden von Rescht aus erreichen könnte, was freilich durch den streckenweise, besonders im Norden, tiefen Sand und die häu-

figen Flußmündungen eine Menſch und Thier gleichmäßig ſehr an-
ſtrengende Partie ſein würde, zumal ſich auf dieſem Wege ſelten
ausbauernde flinke Pferde vorfinden.

Bis auf die eben angedeuteten Hinderniſſe iſt der Küſtenweg
ganz leidlich, in Talyſchdulab ſogar ausgezeichnet und romantiſch, die
angegebenen Nachtquartiere ſind meiſtentheils erträglich, mitunter ſogar
gut, die Koſt daſelbſt kräftig, Luft und Waſſer ſind ausgezeichnet
und die landſchaftlichen Schönheiten der Art, daß eine nicht zu
haſtige Reiſe hier bei ſonſt gutem Wetter wohl angenehm werden
kann. Damit ſie aber nicht in das Gegentheil umſchlage, halte man
ſich an die folgenden Hauptregeln. Man paſſire nie ein Waſſer,
ohne den wegekundigen Führer (Beled) vorauszureiten oder voraus-
gehen zu laſſen und ohne ihm in den Furten genau zu folgen.
Man halte ſich ſoviel als möglich an die oben angedeuteten, oftmals
erprobten Nachtquartiere, weil man ſonſt Gefahr läuft, im Freien
zu campiren, was der Pferde und ihres Futters wegen einerſeits,
andererſeits für die Reiſenden nicht räthlich iſt; denn die große und
ſehr ſchädliche Feuchtigkeit der Nacht im Unterlande, das veränderliche Wetter, auch die wilden Thiere und die immerhin noch vor-
handene Unſicherheit namentlich des nördlichen Theiles von perſiſch
Talyſch laſſen ein Nachtquartier im Freien und ſelbſt das Reiſen
zur Nachtzeit hier eben ſo wenig unbedenklich erſcheinen, als der
letztgenannte Grund die Nachtreiſen in der Moganſteppe zwiſchen
Giöltepe und Salian. Man wird wohl thun, ſich auch dort nie
von ſeinen Waffen zu trennen und ſein Gepäck, ſeine Pferde, ſelbſt
ſeine eigenen Leute ſtets wohl im Auge zu behalten. Daß Kenntnis
der Landesſprachen und der Sitten das Reiſen auch dort weſentlich
erleichtern, braucht wohl kaum hinzugefügt zu werden, dagegen wohl
noch, daß der Miethpreis für ein (gewöhnlich arbeiter) Karawan-
oder Reitpferd zwiſchen Enſeli und Aſtara (Lenkeran) in den letzten
Jahren von 1 auf 2, ja 2½ perſiſche Toman (Ducaten) geſtiegen iſt.

Dieſe aber, ſowie alle die vorher genannten Regeln und Bedingungen ſind überflüſſig, wenn man den ſicheren, ſchnelleren,
wohlfeileren und bequemen Waſſerweg zwiſchen Enſeli und Aſtara
oder Lenkeran auf den ſchönen Dampfern der ruſſiſchen Dampf-
ſchifffahrtsgeſellſchaft „Merkur und Kavkas“ wählt, welche die
Wolga und das kaſpiſche Meer bis Aſchurade und bis Ges in der
perſiſchen Küſtenprovinz Aſtrabad befahren. Vom 13./1. April bis
13./1. October jedes Jahres verläßt alle zwei Wochen ein ſolcher
Dampfer Aſtrachan, um über Petrovsk, Derbend, Baku (wo 1—2
Tage Aufenthalt), die Kuramündung, Lenkeran, Aſtara, Enſeli,
Meſchhediſer und die Inſel Aſchurade an der perſiſchen Turkman-
küſte nach Ges am Ufer der Bucht von Aſtrabad zu gehen, von
wo er nach zweitägigem Aufenthalte ganz eben ſo wieder nach

Aſtrachan zurückkehrt. Dieſe Dampfer befördern Waaren und Perſonen zu billigen Preiſen ſehr angenehm und ſicher. In der
Winterszeit fällt der nördliche Theil der Fahrten zwiſchen Aſtrachan
und Baku weg und die Schiffe verſorgen vom letzteren Orte aus
die Südweſt- und Südküſte des kaſpiſchen Meeres, deſſen Nord-
und Oſtküſte zwiſchen Aſtrachan, der Uralmündung und Mangyſchlak
im Kirgiſenlande ſie im Sommerhalbjahre ebenfalls monatlich
zweimal befahren. Außerdem gehen auf dieſen Linien noch un-
regelmäßig, je nach Bedürfnis, die ſchönen, großen Laſtdampfer
derſelben Geſellſchaft, welche oft lange liegen, um zu laden, und
ebenfalls einzelne Perſonen mit befördern, hin und wieder auch
ruſſiſche Kriegsdampfer, welche bis zu dem Jahre 1861 allein den
Poſtdienſt auf dieſen Linien verſahen, und Segelſchiffe der
kaſpiſchen Kriegsflotille. Die Dampfer, welche außer im Hafen von
Baku, ſelber, überall nur auf meiſtens ſchlechten Rheden anlegen
können, brauchen gewöhnlich 8—10 Stunden zwiſchen Enſeli und
Lenkeran, mit kurzem Aufenthalte auf der Rhede vor ruſſiſch Aſtara.
Doch auch hier darf ich nicht ohne kurze Erwähnung einer Vorſichts-
regel ſchließen, deren Motive der Reiſende im Lande ſelbſt er-
kennen mag. Man laſſe ſich ja nie verleiten, dieſen Seeweg auf
perſiſchen Küſtenfahrern oder auf ruſſiſchen kauffahrenden Segel-
ſchiffen zu machen, wobei Zeitverluſt gewöhnlich das Geringſte iſt;
beſſer reite man den Landweg.

§ 18.
Politiſche Geografie und Statiſtik.

In Berückſichtigung, daß in dieſer Darſtellung von Talyſch
vor allem (unter möglichſter Einhaltung der Rechtſchreibung der
Eigennamen) die topografiſchen und fyſikaliſchen Verhältniſſe dieſer
Landſchaft haben feſtgeſtellt werden ſollen, und daß zu dieſem Behufe
ſchon einiges aus der politiſchen Geografie hat herübergenommen
werden müſſen, wird man es erklärlich finden, daß gegenwärtiger
Anhang unverhältnismäßig mager ausfällt. Insbeſondere die Statiſtik anlangend, iſt es kaum möglich, irgend ſichere Angaben zu
machen, da einerſeits eine officielle Statiſtik in ganz Perſien un-
bekannt iſt, andererſeits den mündlichen Angaben der lügenhaften
Perſer, ganz beſonders aber den höchſt mißtrauiſchen Talyſchi nicht
zu trauen iſt. Anderen nachzuſchreiben könnte mir eben nicht in
den Sinn kommen, weil deren Angaben lückenhaft und ſich ſelbſt
widerſprechend ſind und weil ich nur Eigenes hier zu geben beab-
ſichtigte. Zum perſiſchen Neujahr (Norus, 21. März) 1860 be-
fand ich mich in Kerganrud und war perſönlich Zeuge, wie die
ſchon 1859 von der perſiſchen Regierung in Tehran, angeblich

auf französischen Betrieb angeordnete erste Volkszählung in ganz Persien auch in Talysch auf ganz besondere Hindernisse stieß, so daß sie eben so wenig hier, wie anderwärts in Persien je hat durchgeführt werden können und die erste und letzte geblieben ist, wohl auch die einzige bleiben wird. Farrudschullah Chan von Kerganrud, ein für vernünftige Neuerungen sehr empfänglicher, intelligenter Mann, wenn auch sonst etwas Sonderling, war vom Nutzen dieser Volkszählung völlig überzeugt, aber eben so auch von der gänzlichen Unmöglichkeit ihrer Durchführung durch den und bei dem gegenwärtigen persischen Verwaltungsorganismus, abgesehen von den Hindernissen, welche ihr religiöses Vorurtheil, Aberglauben, politische Furcht und die völlig papierlose persische Freizügigkeit bereiten. Ich halte es daher für gerathener, hier, wo der eigene Augenschein mich nur wenig lehren könnte, anderen gegenüber lieber meine Ignoranz zu bekennen, als etwa irrige Angaben zu machen und die hier und da schon begonnene Verwirrung zu vermehren. Was russisch Talysch anlangt, so habe ich das Nothdürftigste darüber unter § 2, S. 4 und 5 nebenher kurz mit angegeben und verweise diejenigen, welche mehr davon wissen wollen, auf die russischen geografischen Handbücher, wiewohl ich nach den bisherigen Erfahrungen zweifele, daß darüber viel darin gefunden werden wird. Uns muß es namentlich um persisch Talysch zu thun sein, über welches weder in Persien, noch in Europa irgend ein geografisches Werk, außer etwa das Ritters, eine nennenswerthe richtige Auskunft giebt.

Die einzelnen Landschaften in persisch Talysch gehören zwar erblichen Chanen, doch entscheidet in der Erbfolge nicht durchgängig das Erstgeburtsrecht, sondern nach muhammedanischem Gesetze auch das Recht des Familienältesten. Mitunter geschieht es auch, daß der Schah diesen oder jenen Chan, da ja alle in seinem Dienste stehen und gewissermaßen auch seine Lehnsträger sind, absetzt oder zeitweilig von seinem Chanate entfernt und damit einen Angehörigen derselben Familie belehnt. Diese Unsicherheit des Besitzes giebt leider zu vielen geheimen Intriguen und offenen Befehdungen zwischen den einzelnen Familiengliedern sowohl, als auch zwischen Nachbarn oft Anlaß, ja sogar zu Mordthaten, die dann der muhammedanischen Blutrache gemäß wieder persönlich gerächt werden müssen. Dem Namen nach stehen die Chane jetzt zwar unter dem gilaner Provinzialgouverneur (Hakim) in Rescht und der von Astara unter dem aserbaidschaner Hakim in Tebris. In der Wirklichkeit aber behaupten sie eine ziemliche Unabhängigkeit, verkehren meist direct mit Tehran, berechnen ihre Jahresgrundsteuer (Maliat) direct dahin, denn zum Zahlen derselben können die meisten nicht kommen, weil das Maliat durch die Gehalte der Miliz (Tufenktschi = Flintenträger) von Talysch verschlungen wird, welche sie im Frieden halten, im Kriegsfalle in gewisser Anzahl ausrüsten und ins Feld stellen müssen und deren bezahlte Befehlshaber sie sind. Das gegenwärtige persische Talysch umfaßt nun folgende sechs Chanate.

1) Das durch den letzten Frieden zwischen Rußland und Persien in seinem Küstentheile um mehr als die Hälfte verkürzte, auf dem westlichen Abhange des Elbursgebirges aber im trockenen, kahlen aserbaïdschaner Hochlande durch einige persische Gebietszuschläge (welche wir hier als außer dem natürlichen Zusammenhange nicht mit betrachtet haben) in etwas entschädigte Chanat von persisch Astara Talysch (im Gegensatze zu dem, dem 1866 verstorbenen Mir Abbas Beg in Schahagadschi fast ganz gehörig gewesenen, russischen Bezirk von Astara zwischen Astara und Lenkeran), dessen erblicher Hakim (Gouverneur) Sultan Ahmed Chan, Sohn des verstorbenen Kasim Chan in Ardebil, zunächst von dem persischen Hakim zu Tebris in Aserbaïdschan abhängt. In Angelegenheiten des kaspischen Küstenstriches hat der persische Chan von Astara jedoch nicht mit dem gilaner Hakim in Rescht, sondern mit der persischen Hauptregierung in Tehran zu thun. Seine Residenz ist das Dorf Nemin auf dem trockenen, kahlen Westabhange des Elbursgebirges. Er ist zugleich Vorgesetzter der osttürkischen Ilat Schahseven auf persischem Boden, die im Kriegsfalle Bewaffnete stellen, so daß der Küstenstrich von Astara davon befreit ist, hingegen durch Maliat (Grundsteuer) und den Pacht des persischen Zolls in Astara, sowie durch die Erträgnisse des dortigen Basar und die Weidegelder der Nomaden sich abfinden muß. Die Bewohner des waldigen östlichen Gebirgsabhanges bis zur kaspischen Seeküste sind Schïe und sprechen talyschisch, tatarisch (osttürkisch), sehr selten persisch. Hauptorte im Küstenstriche sind das Dorf Tschelwend an beiden Ufern des gleichnamigen Flusses (siehe § 11, 43, Seite 22) und der Marktflecken (Basar) Astara am rechten Ufer der Seemündung des gleichnamigen Flusses (vergl. § 11, 47, Seite 24). Der hier nur in Betracht kommende, im Westen vom Kamme des Elbursgebirges, im Osten vom kaspischen Meere begrenzte östliche Gebirgsabhang des jetzigen persischen Talysch von Astara grenzt nördlich an Transkaukasien und zwar an das russische Talysch von Astara, im Süden an das folgende größte persische Talyschchanat und hat etwa 3½ persische Farsak Küstenlänge.

2) Talysch Kerganrud grenzt nördlich an das vorige, südlich an das folgende kleine persische Talyschchanat, östlich an das kaspische Meer, westlich an die persische Provinz Aserbaïdschan und zwar an die dortigen Landschaften Ardebil und Chalchal, an letztere, in welcher der Chan von Kerganrud auch noch einige Dörfer besitzt, nur wenig, hat 8½ Farsak Küstenlänge und steht nominell zwar unter dem persischen Statthalter von Gilan in Rescht, ist in Wirklichkeit aber ziemlich unabhängig von demselben. Die Bewohner dieses

Landes sind größtentheils Viehzüchter (Halbnomaden) oder Ilat
(Nomaden), zu denen die zahlreichen Schahseven osttürkischer Ab-
stammung, welche auch das Hochgebirge des vorhergehenden Chanat
unsicher machen, gehören, sowie wenige Kurden und Zigeuner, welche
letztere im Herbst und Winter von der russischen Grenze ab das
ganze persische kaspische Seeufer entlang ziehen. Etwa die größere
Hälfte unter den Bewohnern bilden die Sunni, die kleinere die
Schïe. Herrschende Sprachen sind hier die talyschische und die tatarische (osttürkische); selten und höchstens nur in der Umgebung des
Chan, der natürlich alle drei Sprachen spricht, finden sich Personen,
welche persisch verstehen. Die Schahseven sprechen nur tatarisch
und verstehen vom Persischen nicht die Spur. Das Chanat hat
150 Tufenkdschi (= Flintenträger) Miliz auszurüsten und zu stellen,
welche der Chan in Friedens- wie in Kriegszeiten befehligt. Er
erhält dafür von der persischen Regierung Gehalt für sich und die
Miliz, welche den sogenannten Grenzdienst in dem persischen Hafen-
orte Enseli am kaspischen Meere zeitweilig versieht. Im Frieden ist
jedoch die ganze Mannschaft nicht präsent, sondern nur in Kriegszeiten,
wo der Chan von Kerganrud sogar auch berittene Miliz gestellt hat.
Den Gehalt berechnet er an den 3300 (nach anderen, für 1861
bis 1862 gemachten Angaben 3450 persischen) Toman jährlicher Ab-
gabe (Maliät) an die persische Regierung. Das hier, sowie im persisch und russisch Astaratalysch unter den Muhammedanern, ge-
bräuchliche Gewicht ist das Batman (Män) von Lenkeran, welches =
10 russische Pfund gerechnet wird. Hauptort und Winterresidenz des
Chan ist die große, aus mehreren kleinen, dicht bei einander liegenden
Ortschaften bestehende Gemeinde (Mahalle) Kerganrud am rechten
Ufer des gleichnamigen Gebirgsflusses, ein Farsak westlich und etwas
aufwärts von seiner Seemündung, welche hinter dem sumpfigen,
dicht belaubten Küstenwalde beginnend in einer großen, von zahlreichen Reisfeldern bedeckten, hier und da schon ein wenig hügeligen
Klärung des Urwaldes sich am Kerganrud bis zu dem Fuße des
hochwaldigen Elburzgebirges hinaufzieht. Fünf Farsak aufwärts von
ihr im waldigen Hochgebirge und elf Farsak etwa noch unterhalb des
auch militärisch wichtigen Passes liegt am linken Ufer des tosenden klaren
Gebirgswassers Kerganrud der Sommersitz (das Jailat) des Chan von
Kerganrud Talysch, Akevler (die weißen Häuser), unter einem alten
Wallnußbaume, dicht bei einem Dörfe, in dessen Nähe viel Weizen
und Gerste gebaut wird. Feth Ali Schah von Persien belohnte
mit diesem Theile von Talysch unter gleichzeitiger Erhebung zum
Chan den Häuptling Bald Chan, welcher 1846 von seinen Neffen
ermordet wurde. Ihm folgte in der Herrschaft der älteste seiner
zehn Söhne, Farrubschullah Chan, ein Sonderling und mitunter
Hypochonder, aber einer der aufgeklärtesten Perser und der aller-

richtigste, welchen ich in Nordperſien angetroffen habe, der zwar
keine europäiſche Sprache verſtand, auch arabiſch nicht, aber europäiſche Geografie und Geſchichte, auch die ſpecielle von Deutſchland,
nicht nur genau kannte, ſondern auch volles Verſtändnis dafür be-
ſaß. Er wurde zwar für einen Schïe gehalten und gab ſich auch
ſelbſt dafür aus, war aber in religiöſen Dingen außerordentlich
tolerant; nur duldete er durchaus keine Eingriffe der Pfaffen in
ſeine Rechte. Es beherrſchte ihn ein ſtarkes Gefühl für Unabhängigkeit,
welches jedoch ſeine Eitelkeit nicht verhinderte, die Selbſtändigkeit ſeiner
Nachbarn anzutaſten, indem er in Tehran alles daran ſetzte, um
ſeiner Vorliebe für militäriſche Spielereien zu fröhnen, die angeblich
die Unabhängigkeit ſeiner Heimat von Rußland erhalten ſollten,
oder mindeſtens den militäriſchen Oberbefehl über ganz perſiſch Talyſch
zu erlangen, was durch eine zeitweilige Coalition der übrigen Talyſch-
häuptlinge im Süden gegen ihn verhindert wurde und was ſeinen in
ſeine Pläne mit hineingezogenen Schwager Nedſchef Chan von Aſalim
nicht nur längere Zeit von ſeinem Chanat entfernt hielt, ſondern
auch ihn daſſelbe beinahe an einen dummen Verwandten, Mahmed
Kuli Beg, verlieren ließ, welcher es auch einige Zeit inne hatte.
Farrubſchullah Chan war es nicht ungewohnt, auf europäiſche Weiſe
zu ſitzen und zu eſſen, was ſeine Nachbarn nicht können, und er
trank ganz offen und überall Wein, aber er war kein Säufer, wie
einige ſeiner ſüdlichen Nachbarn, mit Ausnahme von Nedſchef Chan, es
waren, und er hatte nur e i n e Frau, Kamer Chanum, die Schweſter
des Nedſchef Chan von Aſalim. Nach einer mir gewordenen Privat-
nachricht, ſollen ſich die von uns oft verlachten Befürchtungen des
armen Farrubſchullah Chan verwirklicht haben. Darnach wäre er
Anfangs des Jahres 1865 von mehreren ſeiner Brüder ebenfalls
ermordet worden und Nasreddin Schah hätte ſelbſt die Vollſtreckung
der Blutrache an den letzteren angeordnet, die ſich nach verübter
That unter den Schutz des Statthalters zu Tebris begeben hätten.
Schade wäre es, wenn in ihrer Art ſo tüchtigen Leuten wie Bala
Chan und Farrubſchullah Chan es waren, als Häuptling ein ſo
unfähiger Menſch nachgefolgt ſein ſollte, wie es der älteſte Sohn
von Farrubſchullah Chan, Aſadullah Chan, war, den der Vater
ſeiner Nichtsnutzigkeit halber ſelbſt nicht wohl leiden mochte.

3) Das kleine Chanat von Talyſch Aſalim von kaum zwei
Farſak Küſtenlänge grenzt im Norden an das vorige, im Süden an das
folgende perſiſche Talyſchchanat, im Oſten ebenfalls an das kaſpiſche
Meer, im Weſten an die aſerbaïdſchaner Gebirgslandſchaft Chalchal
und ſteht nominell ebenfalls unter dem perſiſchen Statthalter der
Provinz Gilan in Reſcht. Die Bewohner ſind zum größern Theile
Viehzüchter und faſt alle Sunni. Das Sprachenverhältnis iſt wie im
vorigen Chanat, nur wird von den kurdiſchen Ilat, welche die

Zailak im Hochgebirge im Sommer auch mit besuchen, außer der tatarischen natürlich auch die kurdische Sprache gesprochen. Das Chanat stellt 50 Mann Miliz und zwar nur Fußvolk (Tufenkdschi) an die persische Regierung, welche dieselben in gleicher Weise, wie die der anderen persischen Talyschchanate verwendet und den Gehalt dafür ebenso an der Landessteuer von (im Jahre 1861—1862) 1500 persischen Toman jährlich gut rechnet, welche auch hier dadurch verschlungen wird. Hier rechnet man das Batman schon zu 9 russischen Pfunden nur. Hauptorte sind nahe dem kaspischen Seeufer das Dorf Chaleseraï am gleichnamigen Flusse, weiter an ihm hinauf das Dorf Dijeseraï (siehe § 11, 13, S. 19 und 20), die Winterresidenz des Chan, und noch weiter hinauf im walbigen Elbursgebirge der Sommeraufenthalt desselben, Limir, welcher jedoch nicht mit dem gleichnamigen Flusse (siehe § 11, 40, S. 22) in Kerganrud Talysch zu verwechseln ist. Der Häuptling, der schon oben mit erwähnte Nedschef Chan, Sohn des verstorbenen, einst sehr mächtigen Muhammed Chan und Schwager von Farrubschullah Chan von Kerganrud, war wie seine ganze Familie es noch ist, ursprünglich Sunni, trat aber zu Anfang der fünfziger Jahre zu der in Persien vorherrschenden Secte der Schïe über.

Die bis hierher aufgeführten drei persischen Talyschchanate, von denen das von Astara, wie schon erwähnt, noch jetzt nominell unter dem persischen Statthalter von Aserbaïdschan in Tebris steht, hatten mit dem jetzigen russischen Talysch bis zu dem unteren Laufe des Aras und der Kura zusammen in der vorrussischen Zeit dieses letzteren Theiles nur einen persischen Häuptling, der bisweilen in Astara, bisweilen in Lenkeran residirte und zunächst unter dem persischen Statthalter von Aserbaïdschan in Tebris stand, daher dieser Theil damals auch Lenkerantalysch oder Aserbaïdschantalysch genannt wurde. Die drei südlicheren persischen Talyschchanate, Talyschdulab, Schandermin und Masal nebst dem zu letzterem jetzt noch gehörigen Hochgebirgsgau Bulut (= der Haufen: der Milizbezirk) Maaf bildeten früher mit den daran grenzenden, jetzt einzelnen großen Grundbesitzern von Gilan gehörigen, darum zu dieser letzteren persischen Provinz geschlagenen und nunmehr direct unter dem Statthalter von Gilan in Rescht stehenden beiden walbigen Gebirgsbezirken Masula und Schest, die man noch jetzt manchmal Reschttalysch nennt, zusammen das frühere Gilantalysch oder Talyschgesger unter einem Häuptling, dem von Gesger. In der Zeit, da Adam Olearius diese Gegenden bereiste, 1638, war Rescht noch nicht die Hauptstadt von Gilan. Der wichtigste Bezirk war damals dort der große von Gesger mit der Stadt Taregurab, die jetzt zu einem elenden Dorfe herabgesunken ist. Damals und auch später noch gehörten die eben erwähnten Gebirgslandschaften zu Gesger, welches jetzt zu einem, wenn auch durch feine vortreffliche Seide noch reichen, so doch ziemlich kleinen Gilanbezirke zusammengeschmolzen ist, dessen frühere politische Bedeutung verloren gegangen ist und nur kurze Zeit wieder aufleben zu wollen schien, als die Russen an zehn Jahre lang (1722—1731) das ganze kaspische Tiefland inne hatten und eine Festung in Gesger anlegten, welche jetzt spurlos verschwunden zu sein scheint. In neuerer Zeit sind auch der Gilanbezirk Ablenar am großen Murdab von Enseli, den Hasan Kuli Chan von Talyschdulab erworben hat, und zuletzt noch Dulabgesger, d. i. die Landzunge von Enseli bis Kupurtschal, davon abgetrennt und administrativ dem persischen Statthalter von Gilan in Rescht untergestellt worden, so daß von dem früher so großen Gesger, welches sich in ein Hochland, Talyschgesger, und ein Tiefland, Gilgesger, schied, nur noch der alte Kern im gilaner Tieflande übrig bleibt, in welchen aber nicht mehr das einst so bedeutende Taregurab der Sitz des Hakim (Gouverneur) dieses Bezirkes ist, sondern das Dörfchen Behember am rechten Ufer des gleichnamigen Flusses (siehe § 10, S. 14, 15, 17 und § 9, Nr. 3, S. 13). Ja es befinden sich bereits Talyschenclaven in diesem Gilgesger, wie z. B. das große Dorf Unienban am rechten Ufer des Chalekaï, während der umgekehrte Fall nur in sehr geringer Ausdehnung vorkommt. Die Häuptlinge dieser drei noch übrigen Talyschchanate des alten Gesgertalysch, welche auch jetzt noch zuweilen Talyschgilan vorzugsweise heißen, stehen jetzt ebenso, wie die der beiden vorhergehenden, nominell ebenfalls unter dem persischen Statthalter (Hakim) von Gilan in Rescht, sind aber ziemlich eben so unabhängig, wie die vorigen, und verkehren eben so meist direct mit der persischen Hauptregierung in Tehran. Ueberhaupt macht sich eine starke Abneigung zwischen Gilan und Talysch bemerklich, die durch die sehr ausgebildeten patriarchalischen Gewohnheiten in diesen Berggegenden und durch die Religionsverschiedenheiten noch mehr gefördert wird.

4) Das große Chanat von Talyschdulab, dessen an Gilan schon stoßendes Tiefland auch mitunter Gildulab genannt wird, hat 3½ Farsak Länge an der kaspischen Seeküste und etwa 1½ Farsak Länge am Ufer des großen Murdab von Enseli (mit Einschluß einer ganz unbedeutenden Landgrenze nach dem gilaner Dorfe Kupurtschal zu). Die Bewohner sind größtentheils Sunni und sprechen talyschisch und tatarisch, in den unteren Theilen auch persisch und gilanisch. Vorzugsweise wird hier wieder Schafzucht betrieben, aber auch Reis- und namentlich ziemlich viel Seidebau, sowie etwas Fischfang im großen Murdab von Enseli. Das Batman hat hier nur noch 8½ russische Pfund, während es im nahen Enseli zu 15 russischen Pfunden gerechnet wird, obwohl das eigentliche Batmanschahi von Rescht ꝛc nur 14½ russische Pfund etwa gilt. Das Chanat stellt

150 Mann Tufenkdschi zu Fuß und auch hier verschlingt der Sold dieses gänzlich ungenügenden Grenzschutzes, das Maliat oder die Landessteuer, wie anderwärts in Talysch. Dieses Maliat belief sich im persischen Verwaltungsjahre 1861—1862 auf 3700 persische Toman, doch war es nicht bestimmt, ob darunter die 700 persischen Toman jährliches Maliat des dem Hasan Kuli Chan ebenfalls gehörigen benachbarten Gilanbezirks Ablenar mit inbegriffen seien, was übrigens nicht wahrscheinlich ist. Der Hauptort, zugleich Winterresidenz des Chan, ist das Dorf Punal am rechten Ufer des Schiwerud (siehe § 9, I, 7 — mit 10, Seite 13 und 14, und § 11, II. 5, Seite 18). Das Jailat desselben soll 8 Farsat weiter aufwärts vom Kyschlat im Elbursgebirge liegen. Der gegenwärtige Besitzer von Talyschbulab (mit Gilbulab) ist der reiche Hasan Kuli Chan, Sohn des verstorbenen Muhammed Ali Kuli Chan, der, sowie seine ganze Familie, Sunni, sich den schütischen Persern zu Gefallen, meist Huseïn Kuli Chan nennen läßt. Ihm gehört auch der benachbarte, der Landzunge von Enseli gegenüber am Südrande der nordwestlichen Ausbuchtung des großen Murdab von Enseli gelegene kleine Gilanbezirk Ablenar (= Wasserraub), welcher früher zu Gesger mit gehört hatte, ein niedriger, sumpfiger Urwaldstreifen, mit einigen Flußmündungen und mehreren Dörfern, deren Bewohner meist Schie sind, giletisch, talyschisch, tatarisch und persisch sprachen, Fischerei und Schifferei im Murdab treiben, außerdem im Uferwalde Seide bauen und wegen ihrer Rohheit, Händel- und selbst Raubsucht sehr übel beleumundet sind.

5) Das kleine Chanat von Talysch Schandermin (ursprünglich: Schandermian) treibt zwar viel Viehzucht und hat sehr viele Nomaden, baut aber auch viel ziemlich gute Seide, angeblich 4000 Batmanschahi jährlich, und hat auch deshalb das für das Ländchen hohe Maliat von 4000 persischen Toman jährlich zu zahlen. Die Mehrzahl der Bewohner sind Schie, die Minderzahl Sunni. Sie sprechen talyschisch, tatarisch und persisch. Der Hauptort und zugleich Kyschlak des Chan ist das ungesund gelegene Dorf Vitam. Das kleine Chanat hat ebenfalls 150 Tufenkdschi zu stellen, was zugleich mit der fortwährenden Herabsetzung der Gehalte durch die persische Regierung den jetzigen, ziemlich verschuldeten Chan so verstimmt, daß er lieber auf allen Gehalt verzichten, zugleich aber auch seiner Pflichten gegen die persische Regierung enthoben sein möchte. Nasrullah Chan von Schandermin, Sohn des verstorbenen Ibrahim Chan, leitet seinen Ursprung von vor angeblich 300 (?200) Jahren dort eingewanderten Turkmanen her, weshalb er oft auch irrthümlich für einen Sunni angesehen wird. Früher war er ein unruhiger Kopf, der sich nicht scheute, noch vor kaum ein Paar Jahrzehnten einen Raubzug in das seinen entfernten Verwandten gehörige nahe

Gesger zu unternehmen; jetzt ist er aber durch Jahre und Sorgen
so niedergedrückt, daß er nur in Weinaufregung noch zu fürchten
sein möchte.

6) Das kleine Chanat von Talysch Masal nährt sich ebenfalls meist von der Viehzucht, in den unteren Theilen auch vom
Reisbau, während Seide hier weniger gebaut wird. Dagegen ge-
deihen die Orangen hier ziemlich eben so gut, wie in Enseli,
besser, als in Rescht, was mindestens auf mildere Winter in den
unteren Theilen, mit mehr warmem trocknen Winde, schließen läßt,
welchen Schluß auch die an Ort und Stelle eingezogenen Nachrichten bestätigen. Die überwiegende Mehrzahl der Bewohner sind
Schïe, die geringe Minderzahl Sunni. Man spricht vorzugsweise
talyschisch, weniger persisch, selten tatarisch. Die Zahl der an die
persische Regierung unter den bekannten Bedingungen zu stellenden
Tufenkdschi beträgt fünfzig Mann, wiewohl auch von dem Häuptling dieses Chanat manches Jahr mehr bereit gehalten werden.
Im Jahre 1861 wurde jedoch von anderer Seite die Gesammtzahl
der von dort zu stellenden Miliz auf nur 25 Mann angegeben.
Möglicherweise war hier ausnahmsweise eine Abminderung einge-
treten, wie dieselbe auch ebenso ausnahmsweise mit dem Maliat
stattgefunden zu haben scheint, welches für 1861—1862 auf nur
759 persische Toman jährlich festgesetzt war, während es früher,
entsprechend der doppelten Milizzahl, fast das Doppelte dieser Summe
betragen haben soll. Wahrscheinlich hat Mahmed Kasim Chan sich
gewichtigere Gönner in Tehran zu erwerben gewußt, als sein
schanderminer Nachbar. — Das hauptsächlichste Kyschlag ist Lohesar
am Chalekaï (siehe § 9, I., 1, Seite 12), welcher Fluß von dem
Hauptjaïlak im Elbursgebirge her kommt. Wenigstens führt der
Weg an ihm hinauf nach dem schon über dem Gebirgskamme gelegenen Dorfe Gilewan Schahrud (nicht zu verwechseln mit dem
etwas südlicher gelegenen aserbaïdschaner Dorfe Badschilan, dem
ersten auf der gilaner Elburspaßhöhe von Masula), wo gutes
lichtgraues Wollenzeug zu den langen Waffenröcken (nach Tscher-
kessenart) der Tufenkdschi angefertigt wird und wo im Sommer der
jetzige Häuptling von Talysch Masal, Mahmed Kasim Chan, sich
aufhält, der ein Sohn des verstorbenen, sehr mächtigen Muhammed
Chan ist, welcher im Juni 1822 den aus Rescht flüchtenden Briten
James B. Fraser gefangen nehmen und schmählich behandeln
ließ. Der Sohn hat ein behäbiges Aussehen, scheint wenig von
der Wildheit des Vaters geerbt zu haben und ist ein großer Ver-
ehrer von Wein, Weib und Gesang. Sein ganzes Gebiet (mit Buluk
Maaf?) soll 600—800 Häuser (Haushaltungen, Familien) enthalten.

Außer einigen Enclaven in der Provinz Gilan gehört dem
Mahmed Kasim Chan auch das Buluk Maaf im Elbursgebirge,

welches früher ebenfalls eine Dependenz des alten großen Eilanbezirkes von Gesger bildete und nur Ilat (Nomaden) enthält, welche ihr Bailat nahe bei Gilewan Schahrud haben und sich im Winter und bei den Stellungen zu der Talyschmiliz unter die drei früheren Gesgertalyschbezirke von Masal, von Schandermin und von Talyschbulab vertheilen. Ob die Nomaden dieses Buluk Maaf demselben Kurdenstamme angehören, wie die Ilat Maafi in Kaswin, sowie zwischen dieser Stadt und dem Elbursgebirge, habe ich nicht erfahren können. Dagegen weiß ich, daß diese Maafi, welche ein Mal für Schie und Sunni, das andere Mal für Sectirer angesehen werden, im Winter zum Theile in der Stadt Kaswin wohnen, im Sommer auf den Bergweiden des benachbarten Elbursgebirges umherziehen und dieses oft unsicher machen, daß sie mitunter weintrinkend gesehen worden sind, und daß sie mit dem ebenfalls Kaswin bewohnenden sogenannten Kurdenstamme der Daubi (= Nachkommen von David) auf gutem Fuße stehen. Diese Daubi sind zwar auch als rohe Nomaden bekannt und deshalb von der persischen Regierung als Gulam (berittene Miliz) geschätzt; allein sie sind sicher keine Muhammedaner, wenn sie sich auch äußerlich dafür ausgeben. Wenn sie auch keine wirklichen Juden sein dürften, wie manche vermuthen, so weiß ich doch aus zuverlässigen Quellen und eignen Beobachtungen, daß sie den Christen mehr zugethan sind, als den Muhammedanern, daß sie Wein nicht nur trinken, sondern auch selbst bereiten, was ächte Muhammedaner in Persien jetzt wenigstens nicht wagen, wenn sie ihn auch trotz des Verbotes trinken. Endlich sollen sie als heiliges Buch das alte Testament haben. — Ob unter der oben angegebenen Zahl der dem Mahmued Kasim Chan von Talysch Masal untergebenen 600 — 800 Familien die des Buluk Maaf und die seiner Enclaven in Gilan mit inbegriffen sind, weiß ich nicht bestimmt, vermuthe aber, daß dem so sei. Hiernach würde sich die Gesammtbevölkerung daselbst auf mindestens 3000 Seelen stellen, was auch mit der Anzahl der zu stellenden 50 Mann Tufenkdschi ganz gut übereinstimmen würde. Mit Hilfe der räumlichen Ausdehnung der verschiedenen Landschaften könnte man darnach auch die Einwohnerzahl der übrigen Talyschtheile, wenn auch nur annähernd, da z. B. auf Kerganrud Talysch verhältnismäßig viel mehr Ilat kommen, bestimmen.

§ 19.
Literatur und Bemerkungen.

So schmal wie das Land, ist auch die Literatur über dasselbe, welche ich zwar gelesen, jedoch für vorstehende Skizze gar nicht benutzt habe, bis auf die beiden von mir nicht, dagegen von

Dr. F. Buhse bereisten Querpässe des Nowarud und des Schimrud (§. 12, 5 und 6, Seite 28) im persischen Talyschtheile des Elburs-gebirges, welche ich nach seinem kurzen Reiseberichte mit aufgeführt habe. Die mir über (persisch und russisch) Talysch bekannt ge-wordene und zugänglich gewesene europäische Literatur — denn eine persische existirt, meines Wissens, darüber gar nicht — besteht in Folgendem.

M. Adam Olearius, neue orientalische Reisebeschreibung. Schles-wig. 1647. Seiten 481—492.

An historical account of the british trade over the caspian sea; by Jonas Hanway. Second edition in two volumes. London, 1754. I. Theil, Seite 268 — mit 270, in dem Reisetagebuche der russischen Gesandtschaft nach Persien 1746 und 1747.

Travels and Adventures in the Persian provinces on the southern Banks of the Caspian Sea; by James B. Fraser. London. 1826.

Die Erdkunde von Asien, von Dr. Karl Ritter. 2. Auflage. Berlin. 1838. VI. 8., S. 633 —639, 656 — 672.

Sketches on the shores of the Caspian, by Richard Holmes. 1845.

Die geognostischen und orografischen Verhältnisse des nördlichen Persiens, von Dr. C. Grewingk. Mit einer Karte und in den Text gedruckten Holzschnitten. St. Peters-burg. 1853. (Auch in den Verhandlungen der kaiserl. russischen mineralogischen Gesellschaft 1852 —1853.) S. 70—80. S. 85 und 86.

Aufzählung der auf einer Reise durch Transkaukasien und Persien gesammelten Pflanzen, von Dr. F. Buhse in Riga. Nebst einleitendem Reiseberichte, mehreren Bei-lagen, einer Karte und Pflanzenabbildungen. Moskau. 1860. Seiten I. II. III. XVIII.—XX. XXX.—XXXV. Beilage III. 1) Meteorologische Beobachtungen während der Reise in den Jahren 1847—1849 angestellt von F. Buhse. Seiten XV. XVIII. XXIV. XXV. (Diese meteorologischen Beobachtungen sind auch im XII. Theile der Nouvelles mémoires mit enthalten.

Zeitschrift der deutschen morgenländischen Gesell-schaft. 16. Band. Leipzig. 1862. Beiträge zur Geografie und Alterthumskunde Nordpersiens. Von Dr. med. et fil. J. C. Häntzsche. S. 530.

О южномъ берегѣ каспійскаго моря. Замѣчанія Г. Мельгунова. (Съ маршрутною картою. Санктпетербургъ. 1863. Vom südlichen Ufer des kaspischen Meeres. Bemerkungen von

Gregor Melgunov. Mit einer Marschroutenkarte. St. Petersburg. 1863. Beilage zu dem III. Theile der Denkwürdigkeiten der kaiserlichen Akademie der Wissenschaften. Nr. 6. – Seiten 199. 241. 253—263. 271.

Zeitschrift für allgemeine Erdkunde. Von Prof. Dr. W. Koner. Neue Folge. 19. Band. Berlin. 1865. VII. Frühere und gegenwärtige politische Eintheilungen der Landschaften von Talysch im W. bis SW. des südlichen Beckens des kaspischen Meeres. Zur vorläufigen Notiz namentlich für Kartenzeichner. Von Dr. J. C. Häntzsche in Dresden. S. 148 — mit 151.

Es kann zwar nicht in unserer Absicht liegen, uns an dieser Stelle, wo es sich um Originalarbeiten oder doch wenigstens um zusammenhängende Darstellungen, wie z. B. die Karl Ritters, handelt, mit Auszügen zu beschäftigen; auf der anderen Seite aber halte ich es für meine Pflicht, hier einmal an einem Beispiele zu zeigen, wie minder bekannte oder entferntere Gegenden, namentlich asiatische oder diesen benachbarte, in geografischen Wörterbüchern und diesen ähnlichen Referaten mitunter mißhandelt werden. In einem von dem Herrn Verleger hoch angepriesenen, lieferungsweise erscheinenden Werke (Encyklopädie der Erd-, Völker- und Staatenkunde, eine geografisch-statistische Darstellung ꝛc. nebst den geografisch-astronomischen Bestimmungen der Lage der Orte. Bearbeitet von Dr. Wilhelm Hoffmann. Zweiter Abdruck. Leipzig, 1863), dessen Vollständigkeit rühmender anzuerkennen ist, als seine Genauigkeit, lautet es in der zweiten Lieferung unter anderem Seite 155 Spalte 2 unten wörtlich, wie folgt:

„Astara, St. im Russ. Kaukasien, Guv. Schirwan (Ghilan), unweit des Kaspischen Sees, vor der Mündung des gleichnam. Flusses, der die Grenze zwischen Rußland und Persien bildet; von Tadschiks und Armeniern bewohnt; ehemals Hauptort des Khanat Talischin. Bemerkenswerth ist, daß dieser Ort 100 F. unter dem Meeresspiegel des Kasp. Sees liegt."

Und nun erlaube man mir zu corrigiren, was des Fehlerhaften und des Unsinns in diesen (im Werke) fünf gedruckten Halbzeilen enthalten ist.

1) Astara ist keine Stadt, sondern in dem persischen, in der Encyklopädie gar nicht erwähnten, wiewohl größeren Theile am rechten Ufer der Seemündung des Astaraflusses ein Basar, also höchstens ein Marktflecken, in dem angezogenen russischen Theile aber auf dem linken Ufer der Seemündung des Astaraflusses ist es noch weit weniger, nämlich nur eine sogenannte Grenzstelle, Quarantaine mit Zollstätte und einem ganz kleinen Kasakenposten. Diese nur aus den amtlichen Gebäuden und den sehr bescheidenen Wohnungen

der Beamten und Soldaten, nebst einem armenischen Kramladen, sowie einer Niederlage der früheren russischen kaspischen Handels-compagnie bestehende russische Niederlassung dürfte im Ganzen wohl kaum mehr als 100 Bewohner zählen. — Uebrigens würden vor dem Flecken Astara wohl auch noch die beiden persischen (Chanat) und russischen Talyschbezirke Astara zu erwähnen gewesen sein.

2) Statt Kaukasien müßte es wenigstens heißen: Transkaukasien.

3) Das russische Gouvernement Schemacha — denn so hieß es officiell, nicht: Schirwan — begreift die große persische Provinz Gilan — Ghilan ist französische Schreibweise — nicht in sich. Auch jetzt noch liegt Gilan in Persien, Astara aber nicht in Gilan.

4) Dies russische Gouvernement existirte schon drei Jahre vor dem Erscheinen des zweiten Abdrucks der Encyklopädie nicht mehr als solches, sondern war bereits 1860 von Schemacha nach Baku am kaspischen Meere verlegt.

5) Weder das persische, noch das russische Astara ist von Tabschiks und Armeniern bewohnt; es müßte denn sein, daß die zwei russischen Beamten, welche von Geburt Armenier, aber doch nur auf unbestimmte Zeit dorthin versetzt sind, und der lenkeraner Armenier, welcher in dem russischen Astara einen Kramladen hält, für armenische Bevölkerung angesehen werden sollten. In persisch Astara hingegen findet sich kein einziger Armenier seßhaft. Was aber Tabschik bedeutet, das möchte ich den Herrn Verfasser, sowie andere Leute, die dies geduldige Wort alle fünf Finger lang niederschreiben, ein-mal in Persien selbst zu erfragen ersuchen. Um diesem Tabschikunwesen der europäischen Bücherschreiber einmal den Anfang wenigstens des Endes zu machen, diene kurz zur Nachricht, daß dies Wort auf Be-wohner des heutigen Persiens (und Rußlands) nie angewandt wird.

6) Das Khanat Talischin hat es nie gegeben, höchstens konnte von einem Talyschchanat die Rede gewesen sein. Welche politische Eintheilungen in Talysch bestanden und bestehen, habe ich oben schon erörtert.

7) Nicht genug, daß die fünf Zeilen mit der famosen Be-merkung schließen, daß Astara 100 Fuß unter dem Spiegel des kaspischen Meeres liegt, nein Seite 156, Spalte 1 derselben Encyklopädie unter Aster-Abad folgt noch ein bekräftigender Hin-weis. Der Herr Verfasser weist in diesem zweiten Artikel der nord-persischen Stadt Astrabad ihre Lage an an dem Gurgan-Fluß in einer kleinen Bucht oder einem Haff. Dann sagt er: Sie liegt, wie Astara 94,4 Fuß unter dem Spiegel des Kaspischen Sees. Aus jenem Ententümpel scheint nun ein Entrinnen unmöglich, denn der Herr Bearbeiter versperrt dessen Einfahrt mit dem fabelhaften „Orest", dem er statt seines Phylades zwei kleinere Eilande „Eugenis" und „Aschit" (arabisch, zu deutsch:

verliebt) beigesellt. Nimmermehr wird es aber dem kühnen Fluge
der Fantasie des Herrn Bearbeiters gelingen, das kaspische Meer dahin zu
bringen, die, wenn auch persische, doch dann immerhin bedauernswerthe
Stadt Astrabad 94,4, sage: vierundneunzig und vier Zehntel Fuß, u n t e r
s e i n e m Spiegel liegen zu lassen, ebensowenig, wie den Fluß von Astara
zu bewegen, er möge so gütig sein, sich an seiner Mündung 100 Fuß
kerzengerade in die Höhe zu heben, um sich mit dem kaspischen Meere
zu vereinigen; denn wenn nach des Herrn Bearbeiters eignen
Worten Astara u n w e i t d e s K a s p i s c h e n S e e s, v o r d e r
M ü n d u n g d e s g l e i c h n a m i g e n F l u s s e s liegt, so muß dieses
achte Weltwunder geschehen, wenn auch nur, damit der Herr Bearbeiter keinen geografischen Blödsinn producirt habe.

Wiewohl man hiernach schon die G r ü n d l i c h k e i t jener sehr
umfangreichen Encyklopädie beurtheilen kann, so kann ich es mir
doch nicht versagen, beiläufig noch von Seite 156, Spalte 2 desselben
Buches unter anderem anzuführen, daß in dem russischen Gouvernement Astrachan die Sonnenhitze s o g a r bis 56° R. steigt.

Doch genug der Leichtfertigkeiten und Gedankenlosigkeiten dieses
z w e i t e n A b d r u c k s, die leider sich auch in anderen Büchern in ähnlicher Weise hier und da vorfinden und uns bei den Franzosen selbst, über
deren geografische Ignoranz wir ja zu lächeln gewöhnt sind, ohne den Bal-
ken in unserem Auge zu sehen, noch in Miscredit bringen werden, wenn
nicht von Seiten competenter Fachmänner dergleichen gewissenlosen
Büchermachereien, gingen sie selbst von sonst angesehenen Leuten aus,
energisch entgegengetreten wird. Dergleichen Sudeleien entziehen sich
der Kritik und verdienen meinem Dafürhalten nach nichts anderes,
als in ihrer lächerlichen Bodenlosigkeit öffentlich an den Pranger
gestellt zu werden. — Nachdem wir so die h e i t e r e n A u s z ü g e
genugsam abgethan zu haben glauben, wenden wir uns wieder zu
der ernsteren Seite der Literatur.

§ 20.
Kritik.

Eine systematische Beschreibung giebt es bis jetzt weder von persisch,
noch von russisch Talysch. Alles, was sich darüber in den oben
angeführten Werken vorfindet, besteht entweder, außer der Aufzählung
persönlicher Erlebnisse, aus kurzen Notizen über die Natur einzelner
Theile dieses Landes und seine alte politische Eintheilung, so bei
Olearius, Hanway, Fraser, Buhse und Grewingk, welche wohl für
den, der das Land selbst bereist hat, von Interesse und Nutzen sein
mögen, oder aus zusammenhängenderen eigenen Beobachtungen, wie
bei Holmes, der in der lehrreichen Gesellschaft des umsichtigen und
fleißigen großbritanischen Generalconsul von Tebris K. E. Abbott
mit großem Nutzen und ziemlicher geografischer Ausbeute Ende 1843

auch dieſen Strich der kaſpiſchen Seeküſte bereiſte, oder endlich ſind
es Bearbeitungen nach den Angaben anderer, welche bei Melgunov
mehr ſtatiſtiſchen, bei dem berühmten Ritter dagegen allgemeineren
geografiſchen und ethnografiſchen Inhalts ſind.

Die Zerreißung des Landes in zwei Theile, von denen einer
Perſien, der andere Rußland angehört, der früher ſchon berührte
(überhaupt in ganz Perſien) häufige Wechſel der politiſchen oder
adminiſtrativen Eintheilung der zu Talyſch, Gilan, Aſerbaïdſchan
und Irak gehörigen Landſchaften, die eigenthümliche Beſchaffenheit
des verſteckten, theilweiſe noch unſicher zu bereiſenden Landes, die
gegenwärtige adminiſtrative Doppelſtellung und halbe Unabhängigkeit
ſeiner perſiſchen Grenzgaue, endlich die größere oder geringere
Unkenntnis der Landesſitten und der hier gerade ſo verſchiedenen
Landesſprachen, ſowie das geringere Intereſſe für Topografie bei einigen
und eine ungenügende Kritik bei anderen, dies alles mag dazu mit
beigetragen haben, die Anſichten hier und da zu verwirren oder zu trüben.
So finden wir ſelbſt in der anziehenden Beſchreibung, welche unſer
genialer Landsmann Karl Ritter in ſeinem claſſiſchen Sammelwerke,
hauptſächlich auf Grund der Berichte von J. Fraser, Colonel
Monteith und D'Arcy Todd, von Gilan und Talyſch giebt,
manche Angaben, die mindeſtens jetzt nicht mehr zutreffen. So
rechnet man z. B. den Maſulapaß jetzt wenigſtens nicht mehr zu
Talyſch, ſondern zu Gilan, und der Küſtenweg zwiſchen Enſeli
und Aſtara, der als „Küſte von Gilan" beſchrieben wird, befindet
ſich in Talyſch bis auf kaum vier Farſak von Enſeli aus weſtlich,
welche zu Gilan gehören. Ueberhaupt ſpricht Ritter von Talyſch faſt
nur als von einem Alpenlande und vergißt das Unterland darüber.
Dieſes Vergeſſen iſt jedoch nicht ſeine Schuld, ſondern die der un-
vollſtändigen und theilweiſe ſich widerſprechenden oder unklaren
Reiſeberichte. Ja der Name Talyſch kommt in den älteren
Werken überhaupt gar nicht vor und erſcheint das erſte Mal bei
Fraser. Daher mag es wohl auch mit herrühren, daß der ſonſt ſo
außerordentlich umſichtige Ritter weder Olearius noch Hanway in
dieſem Capitel benutzt hat, die freilich auch, zumal der letztere, nicht
viel darüber berichten. Auch Fraser erzählt uns ausnahmsweiſe
hier wenig mehr, als ſeine perſönlichen unglücklichen Erlebniſſe.
Die auf ſeiner Flucht aus Reſcht im Juni 1822 und auf ſeinem
Rücktransporte ausgeſtandenen Beſorgniſſe und Anſtrengungen aller
Art ſcheinen den ſonſt ſo klar blickenden Mann dermaßen verwirrt
zu haben, daß er den Paß von Maſal im Talyſchtheile des Elburzgebirges, welchen er damals zwei Mal überſtiegen hat, irriger
Weiſe mit dem jetzt zu Gilan gehörigen benachbarten Paſſe von
Maſula verwechſelt, welchen vor ihm Gmelin und Trezel bereiſt
haben, nach ihm Oberſt Monteith. Daraus entſpringt nun ein

weiterer Irrthum Ritters (a. a. O., Seite 668) bezüglich einer Angabe von Fraser. Da ich selbst Mitte Juli 1854 auch diese Gegend bereist habe, so erlaube ich mir, hier Ritter zu berichtigen und zu bemerken, daß das von Fraser erwähnte Dorf Gilewan am nördlichen Schahrud bem Masalpasse von Talysch zunächst liegt, und daß das südlicher davon befindliche aserbaidschaner Dorf Babschilan, welches Oberst Monteith nennt, sich nahe bei dem Masulapasse von Gilan befindet. Die Rechtschreibung der fremden Eigennamen, bekanntlich des großen Ritter schwächste Seite, giebt nicht allein bei ihm, sondern bei allen Autoren, die über Talysch geschrieben haben, mit Ausnahme etwa von R. Holmes, am meisten aber bei Buhse und bei Grewingk, welcher nach jenes Angaben gearbeitet hat, mitunter zu solcher Verwirrung Anlaß, daß man die im Uebrigen auf diese sonst so wissenschaftlichen Werke verwendete Mühe oft bedauert, weil an einigen Stellen demjenigen, welcher nicht selbst an Ort und Stelle war und die Landessprachen nicht kennt, aller Zusammenhang und alle Richtung verloren gehen müssen. Buhse hat wohl ein gutes Stück von Talysch gesehen und namentlich vier Pässe in dem dortigen Elbursgebirge bereist, giebt aber in seinem einleitenden Reiseberichte, abgerechnet die sehr schätzenswerthen Höhenbestimmungen, die Verbreitung der Pflanzen, sowie die in der Beilage enthaltenen meteorologischen Beobachtungen, sehr dürftige geografische Nachrichten und ist in seinen topografischen und orthografischen Verbesserungen der Karte von Zimmermann meistentheils so unglücklich, daß er dieselben besser nicht vorgenommen hätte. Der russische Magister Gregor Melgunov endlich hat in der unter seinem Namen 1863 in St. Petersburg erschienenen Beschreibung der südlichen Ufer des kaspischen Meeres auch persisch Talysch in sein Bereich gezogen und zwar auf Grund persischer Unterlagen und der hinterlassenen Aufzeichnungen einer einmaligen Bereisung des Küstenstrichs, welche der auf dem Felde der Geografie so eifrige, 1862 in Tiflis verstorbene Herr Paul Riss, dessen russisches Werkchen über die Talyschsprache ich schon oben S. 41 anerkennend erwähnte, im November 1857 zum großen Theile in meiner Gesellschaft ausführte. Herr Melgunov hat nun persisch Talysch zwar nur vom Bord des russischen Dampfers aus gesehen, oder es vielleicht auch nicht gesehen, da dieser in ziemlicher Entfernung davon und häufig Nachts daran vorüberfährt. Das hindert ihn aber nicht, im Anhange zu Gilan auch eine Art Beschreibung von Talysch zu geben, welche eine ziemliche Anzahl sich widersprechender und ganz falscher Daten enthält, die bei Anwendung einiger Kritik und Sorgsamkeit wohl hätten vermieden werden können.

Nicht besser, als den Beschreibungen von Talysch, ist es natürlich auch den Karten davon ergangen. Die dem Werke des

M. A. Olearius beigefügte Karte des kaspischen Meeres und seiner Küstenländer kann für uns nur noch den Werth eines Curiosum haben. Die Karte von Zimmermann ist mir nicht zu Gesicht gekommen; nach dem aber, was Dr. Buhse darüber sagt, muß sie ein Ausbund von Unrichtigkeit sein. Die den fleißigen Werken von Grewingk und Buhse beigefügten geognostischen und botanischen Karten von Nordpersien sind wohl in naturwissenschaftlicher Hinsicht gut zu verwerthen, stehen aber in topografischer und orthografischer Hinsicht ziemlich auf derselben Stufe, wie die von Melgunov seiner Zusammenstellung angehängte Marschroutenkarte. Was namentlich die Küstenformation von Talysch anlangt, so ist sie, bis auf die unten näher zu bezeichnenden zwei Ausnahmen, auf allen mir zu Gesicht gekommenen Karten nicht durchgängig richtig angegeben. Selbst die neueste russische Karte des kaspischen Meeres, wie sie sich in dem russischen Morskoi Sbornik (1863) und in Petermanns Mittheilungen (1863) wieder findet, und die sonst so ausgezeichneten Specialkarten unseres verdienstvollen Dr. H. Kiepert in Berlin machen darin keine Ausnahme. Auf den meisten Karten scheint einer dem anderen die eingeschlichenen Fehler nachgezeichnet zu haben. Die beiden einzigen Ausnahmen hiervon finde ich eben nur in der schon so alten Karte des kaspischen Meeres, welche Jonas Hanway seinem Werke bereits 1754 beigefügt hat, und auf der neuesten großen Karte Kieperts von Rußland 1864, auf welcher im Anhange unten auch das zu Persien gehörige Stück Talysch nebst einem Stückchen von Gilan mit angegeben ist. Auf beiden Karten sind die Gebirgszüge und Küstenformationen wenigstens fast richtig wiedergegeben.

Wenn ich nach so strenger Kritik meiner Vorgänger meine eigenen Arbeiten über Talysch mit Stillschweigen übergehe, so stelle ich sie hierdurch ausdrücklich unter die Kritik.

Würde ein gleich strenges Verfahren, beziehendlich selbst ein weniger nachsichtiges, als das meinige, gegen mich beliebt, so erwarte ich doch, daß dasselbe nur von competenten Männern und mit gleicher Objectivität ausgeübt werde, und hoffe, daß man meine schwachen Versuche zur Ausfüllung einer Lücke in unserer geografischen Literatur nicht unter der Kritik finden möge.